「できない？」を「できる！」に変える
プロデュース術

目白大学メディア学部特任教授
岡星竜美

河出書房新社

はじめに

私はイベントプロデューサーとして、これまで約三千近くのイベントに関わってきました。これだけやると、中には「本当にコレ実現できるの？」というものもいくつかありました。

大手広告代理店のメディア開発部に常駐していた時には、〝日本初のスカイメッセージ（空に雲の文字を描く）〟とか、ＪＲの駅をまるごとテーマパーク化するとか、東京・渋谷の街を全面的にアドジャック（現在のシティドレッシング）とか、ビッグプロジェクトばかりでした。

その渦中にあって私は、先輩プロデューサーたちが、一見して「できない？」と思うような企画を「できる！」に変えるのを何度も目撃してきました。

当時の私には、「とても無理だよ」と思ったことが実現してゆく……そこにはどんな思考や技術があるのか？　私の模索が始まりました。

その後独立し、自分のイベント会社を設立してからは、それ以上にビッグなイベントに関わることになります。

ある国際企業の周年記念大会を東京ドームで開催し、屋内でのブッフェパーティ参加者八千五百人というギネス記録を獲《と》ったこと（東京ドームでのブッフェは初実施）。

テニス界伝説のスーパースターであるジミー・コナーズ、ジョン・マッケンロー、ビヨン・ボルグ選手たちが参加するシニアの国際大会「ＡＴＰチャンピオンズテニス」を有明コロシアムで五年間プロデュースしたこと。

メジャーリーグのイチロー選手を招待して、東京ドームで少年野球大会を開催、私がイチロー選手に一日付いて進行を行ったこと。

そして、２００２ＦＩＦＡワールドカップTM日韓大会で、日本初のパブリックビューイングをサッカーの聖地・国立競技場で開催し、総合演出進行に関わったことなどです。

どれも、今思い返しても他人事のように「スゴいことやったなー」という感じです。

これらの経験の中から、〝たいていのことは実現できる〟という心境になっていったものです。業界デビューの頃は、本当に頭が爆発しそうなくらい悩んでいたことが、今思えば簡単に克服できそうなことに思えてきています。

その理由はなんでしょうか？

私が超人的に成長したから？　どこからか秘密の知恵が舞い降りてきたから？

いいえ、「できない？」を「できる！」に変えるプロデューサーの思考×技術が何か、わかったからです。

さて、読者の方の中には、現在ビジネスマン・ウーマンとして、なんらかの会社のプロジェクト（社内の催事・行事、展示会出展、新商品開発・発売、ファンイベント、株主総会など）に関わることになった人もいるでしょう。大学生であれば、大学祭・学園祭の実行委員をしているという人もいるでしょう。また、商店街で、販売促進企画を任されているという人も。どのような立場・状況であれ、何かを〝実現〟しなければならないことを抱えているということに変わりはありません。

一見して不可能と思うことを実現する。それが、プロデューサーです。プロデューサーとしての思考と技術を身に付けられたら、毎日の仕事が抜群に楽しくなると断言できます。そして、何よりもあなたへの評価は何十倍にも上がることでしょう。

世に言うプロデューサーになりたい、全ての方にこの本を贈ります。

プロデューサーになりたいと願う、一人の若者の一年間の試練と成長の物語は、広告・広報・映像・イベントのみならず、全ての業界の人に役立つはずです。

プロデューサーになるには、たった一つの決意を口にするだけ。

「『できない？』を『できる！』に変える！」

※この物語は、フィクションです

CONTENTS

「できない?」を「できる!」に変えるプロデュース術◉目次

序章

PRODUCE

プロローグ

怪しい始まり

体が重い。

体調が悪い訳では無い。二日酔いでも無い。背中にバックパック、両手に紙袋一杯の資料を持っているから。

今、朝の八時、東京都心からおよそ五十分、小田急線の多摩センター駅発の多摩モノレールは、ほぼほぼ満員で、座れる椅子はもちろん無い。

ぼくの名前は、可部厚志（かべ・あつし）。ベストセラー本『下町ロケット』のモデルとなった町工場がある地域、東京・大田区蒲田にある小さな広告代理店、㈱ホワイト・エージェンシーの入社二年目の企画営業部員だ。

ここだけの話、この会社、名前はホワイトでも、内情はまさにブラック会社なんだ。五つある営業部ごとに部長にあたるプロデューサーが仕切る組織となっていて、プロデューサーの元では営業部員みんな兵隊、いや比喩《ひゆ》では無くて本当に兵隊のように働かされる体制となっている。

ぼくの所属する第四営業部は、他の社員からも死（四）の部隊と呼ばれているくらい厳しい。その理由はハッキリしている。部長である宇都野厳（うつの・げん）プロデューサーが、超厳しいから！

宇都野Pが超有能であることは、ぼくも認めている。わが社の年間売り上げの四割を一つの部で上げているんだから、社長をはじめ、上層部の信頼も高い。ただ、人間性って言うのかなぁ、いっつも鬱《うつ》みたいに不機嫌《ふきげん》なんだ。だから、宇都野Pに呼ばれただけで、何かミスしたんじゃないかと心臓がドキドキする。前に立つと怒鳴《どな》られるんじゃないかとハラハラする。

これって「フキハラ」？

本『「フキハラ」の正体』によると、「フキハラ」とは、〝不機嫌ハラスメント〟のこと。「不機嫌な態度を取って、相手や周囲の人たちに不快な思いをさせたり、過剰《かじょう》に気を遣《つか》わせたり、精神的な苦痛を与えること」と書いてあった。つまり、現代にさまざまあるハラスメントの一つってことなんだ。これじゃあ、毎日の仕事がツラくてしょうがないよ。

あ〜あ、今のぺーぺーじゃなく、早くプロデューサーになりたいよ。

おっと、愚痴《ぐち》ってばかりいても仕方《しかた》ない。これから向かう営業先のことを考えなくっちゃ。

入社早々から先輩社員とバディ（二人組）を組んで、マンツーマンで企画営業の仕方を教えてもらってきたけど、入社二年目の春になったとたんに、宇都野Pから「可部兵隊、もう一人前なんだから、これからは一人で新規開拓に行け」とのこと。そしてもちろん、一人前のノルマ（営業での売り上げ目標）も与えられた。今日はその第一歩となる、㈱アメミヤへの飛び込み営業だ。

㈱アメミヤは、多摩モノレールで七駅目、万願寺駅から歩いて十数分の多摩川そばにある長靴《ながぐつ》メーカーさん。広告を企画・制作させてもらう新規開拓先として、インターネットで検索《けんさく》していて見つけた。けして大企業ではないが、創業から一貫して良心的な製品（ゴム靴）を作り続けているよう。

意を決して電話してみたところ、ちょうど雨宮徳三郎（あめみや・とくさぶろう）社長が出られたんだ。ちょっとびっくりしたけど熱心に当社のことを売り込んだところ、なんでも今年がちょうど創業七十周年の記念イヤーになるとのことで、大手広告代理店をはじめ何社かに、ちょうど企画提案のためのオリエンテーションの声を掛けている時期だったとのこと。これはクライアント新規開拓にちょうど良いではないか！

雨宮社長から最後に、「企画提案に参加するかどうかはともかく、まぁ一度当社を見に来たら？」とのこと。まずはどんな会社なのかも行かないと本当のところはわからない。営業の心得その一、どんな小さなキッカケでも活かすべし！

初めに言った体が重いワケ、背中にバックパック、両手に紙袋一杯の資料とは、ホワイト・エージェンシーが企画・制作した広告やＣＭの作品見本（大型ポスターや新聞広告、映像ＤＶＤなど）が入っているから。今時のデジタル時代になんでかって？　これも宇野Ｐからの命令。ぼくはタブレット一つを持って行って説明しようと思っていたら、宇野Ｐが、「バカ！　そんなにスマートにやっちゃダメだ。背中と両手一杯に紙の資料を持ってけ！」と。なんでも、誠意と汗の量は比例するとのこと……。

わからなくは無いけど、朝の通勤ラッシュ時間にこんな出で立ちでは、自分も重くて大変だけど、他の人も迷惑だよなぁ。

あ〜あ、今のぺーぺーじゃなく、早くプロデューサーになりたいよ。

おっと、また愚痴ってしまった、いかんいかん。

ふとモノレールの窓から外を見ると、春四月になったというのに、空はどんより冬模様。その下には、昭和時代に急増する東京の人口を受け入れるためのベッドタウンとして開発された巨大な公団住宅、多摩ニュータウンが一望できる。しばらくすると、多摩動物公園の森が見えてきた。

その時だった。こんもりと小さな丘の上に建つ昭和レトロなビジネスビルの屋上に、不思議な屋外看板を見つけた。

『プロデューサー製造所』！

製造所？　ロボットじゃあるまいし……プロデューサーを製造する工場なんて、怪しい！

ぼくも広告マンなので、キャッチコピーに目が行く。

〝あなたも一日でプロデューサーになれる〟

ナニナニっ？　あのプロデューサーに一日でなれる？　ますます怪しい！

仕事柄、気になる屋外広告は、すぐにスマホで写真を撮《と》る習慣があるので、他の乗客がいぶかしがる中、ぼくはマッハの速さでその看板を写真に収めた。

プロデューサーに一日でなれる？　そのための製造所？　めちゃくちゃ怪しい！

そんなこんな頭の中が沸騰《ふっとう》している内に、モノレールは、目的地の万願寺駅に到着した。

初めての飛び込み

「はじめまして。雨宮徳三郎です」

㈱アメミヤは、万願寺駅から徒歩十数分くらいの多摩川そばに本社があった。重い荷物を持つ身にはツラかったけど、迷わず行き着くことができた。

待ち合わせ時間の十分前に受付に行ったところ、そこにいたのが、社長の雨宮さんだったのでびっくり！

雨宮社長は、年の頃四十代だろうか、小柄で明るい好感の持てる方だった。

「私の祖父が創業者の徳一郎、父が徳二郎、私は三代目なので徳三郎なんです」と言いながらの名刺交換もそこそこに、雨宮社長の案内で、ゴム靴製造工場へまず案内された。

ぼくにはゴム靴製造工場の良し悪しは全くわからないけれども、工場内はきちんと5S（整理・整頓・清掃・清潔・躾）が徹底されていることがわかる。工具はきちんと定位置にあり、従業員はみんな明るく挨拶してくれる。

ぼくの会社がある蒲田にも優良な町工場がたくさんあり、企画営業で訪問したことがあるけれども、同じくらいに良い企業だという感じがした。日本には、こんな優れた町工場がまだまだあるんだろうな。ぼくが企画する広告で、もっと広く知らしめたいな。

そんなことを思っていたら、社長室へと通された。ソファに座って出された熱々のお茶を一口飲んだところへ、脇山太（わきやま・ふとし）と言う宣伝部部長さんがやって来た。一目見てびっくりするほどの巨漢の人で、お相撲の力士さんかと思っちゃった。ふくよかな人にありがちの、額に汗がびっしり浮いている。

雨宮社長の脇を固めるように脇山部長がどっしりと座ったことで、社長が余計に小さく見える。

「脇山部長は、先代社長の時から実によくやってくれる、私の参謀《さんぼう》のような方なんですよ」と、社長の信頼も厚そうだ。脇山部長は嬉《うれ》しそうにしながら、額の汗をふいた。

ここから、㈱アメミヤ創業七十周年記念イヤーのプロモーション事業について、オリエンテーションが始まった。

まず、雨宮社長からは、「創業時の話」から始まり、「二代、三代社長の思い」に、そして「製品に込めた思い、製造に込めた思い」など、一時間近く熱弁をふるっていただいた。

最後に、「創業七十周年を機に、ＢtoＢ（ビジネス：企業向け）製品とＢtoＣ（コンシューマ：消費者向け）に分かれているブランドを統一したい」「心機一転、新しいアメミヤのブランドイメージを強力に発信したい」との熱いメッセージをいただいた。

次いで、脇山部長から、プロモーションの全体像の説明があった。要点は次の通り。

企画提案して欲しいことは……。
○㈱アメミヤ七十周年を記念して、新しいブランドイメージ。（イメージポスター、ビジュアル＆コピーの提案）
○関東で放送する、新ブランドイメージのテレビＣＭ。（絵コンテの企画提案）
○秋十月後半、大型展示会場である東京ビッグサイトで開催される展示会『東京ものづくりフェア』に、わが社史上初の大ゴマ（大きなスペース）で展示ブースを出展したい。すでに出展申し込み済み。予算はＸ千万円。（展示ブースの企画提案）

○今日のオリエンから約一月後、ゴールデンウィーク明けに企画提案のプレゼンをして欲しい。
なかなかの大型案件のよう！　予算規模も悪くない！

最後に、雨宮社長から心強い言葉を聞くことができた。

「今回は、企画提案内容さえ良ければ、大手広告会社のみならず、弱小会社でも採用します！」

弱小（汗）……わが社は確かに弱小だよね。

「ぜひ、ニュー・アメミヤをプロデュースしてください！」

オリエンはこんな感じで終わった。雨宮社長と脇山宣伝部長に丁重に見送られながら、㈱アメミヤを後にした。最後の最後まで誠実な会社だなぁ。

ぼくが苦労して持参した重い紙資料を使うことは、全く無かった。

万願寺駅に着いて空を見上げると、今にも雨が降り出しそうなどんよりとした雲が広がっていた。

思わぬ行動

雨宮社長の、「ニュー・アメミヤをプロデュースしてください！」という最後の言葉が、今も耳に響いている。

新しい企業ブランドイメージをプロデュースする……なんてカッコいいんだ！　でも、プロデュースするって、何をやるの？

今春からピン（自分一人）で新規開拓しなくちゃいけないんだけど、つまり、プロデューサーの動きをしないといけないいんだけど……でも、プロデューサーって何をするの？

あぁ、こんな基本的なこともぼくは知らなかったんだな。それなのに、早くプロデューサーになりたいとよく言えたもんだ。ぼくは自己嫌悪に陥り、自分自身にイヤミを言った。

会社に戻ろうと万願寺駅から多摩モノレールに乗ったとたん、㈱アメミヤを訪問したことですっかり忘れていたことを思い出した。そう、あの怪しい『プロデューサー製造所』のことだ。

うん、どんどん思い出してきたゾ。屋外看板によると、プロデューサーを製造する工場とのこと。怪しい！　キャッチコピーは、〝あなたも一日でプロデューサーになれる〟。ますます怪しい！

メチャクチャ怪しいんだけど、でも、なぜか気になる……。

そんなことを考えていたら、モノレールの窓から、例の看板が再び見えてきた。その最《も》寄《よ》り駅、多摩動物公園駅に着いた時、ぼくは自分でも思いもよらなかった行動を起こしてしまった！　そう、無意識に体が反応して、突発的に電車を降りてしまったんだ。

なぜぼくは電車を降りてしまったのか？　本当は楽してプロデューサーになりたいんだろうって？　いやいや、そんな安易な考えじゃないですよ！　じゃあ、なぜかって？　そうそう、あの怪しい屋外看板について、その実態はどうなのか？　ぼくが実地調査して過ちがあれば消費者のためにただしてやりたいという正義心から……だ。広告業界に身を置く者として、誇大広告を許す訳にはいかないのだ！

まぁなんだかんだと理屈を付けているけど、正直に言うと、心のどこかに「一日でプロデューサーになれるんだったら、嬉しいかも？」という考えがあるのも事実です。

初めて下車した多摩動物公園駅は明るくきれいな駅舎で、小さな子供連れファミリーで賑《にぎ》わっている。駅舎に掲載されている駅周辺マップを見て、あの怪しい屋外広告看板があるビルのだいたいの方向を確認する。動物公園に沿った外周道を辿《たど》った小高い丘の上にあるようだ。

重い紙資料を持ったまま、重い足取りでそこへ向かう。一体ぼくは何をしているのか？　そんな疑問は湧いてくるけど、ここまで来たらもう行くしかない。

しばらくすると、こんもりとした小さな丘が。たぶんこの丘の上に目的地はあるはず。急こう配の坂道をふうふうと言いながら登ってゆくと……目の前に、五階建ての昭和レトロなビジネスビルが現れた。

エントランスで入居社表示板を見ると、あったあった、『プロデューサー製造所』の名前が。なんと！　それは屋上にあるとのこと。旧式のエレベーターで五階まで行くと、プロデューサー製造所はこちら←の張り紙が。その指示通りに進んで行くと扉が→。それを開けると外階段が↑。それをカンカンと昇っていくと、ビルの屋上へと出た。ぼくの体力は、もう限界に近い。

まず目に飛び込んできたのは、例の怪しい屋外広告看板だ。おぉこれだ、ぼくがモノレールから見た屋上の広告看板は。

その看板にぴったりと寄り添って、コンテナのように箱型キューブなペントハウスがあった。

ここが、『プロデューサー製造所』なのか？　一体どんな人物が運営しているのか？もしかして、反社会的な組織なんじゃないか？　善良な人をだまくらかす不法なビジネスをしているんじゃないか？　でも、もし、もし本当に一日でプロデューサーになれるのなら、素晴らしいことじゃないか？

ぼくの心臓は、恐怖と期待とでばくばくと打ち鳴った。

第1章

PRODUCE

クイックコース【編】

プロデューサー製造所

決死の潜入

箱型キューブなペントハウスをじっくり見ると、窓が一つも無い。怪しい！　あるのは真っ赤に塗《ぬ》られた一枚の鉄扉だけだ。近付いてみると、小さく『プロデューサー製造所』のプレートがあった。ここで間違い無いようだ。

このドアの向こうには一体何があるのか？　製造所と言うからには、マンガや特撮映画で観《み》たような、世界征服をたくらむ悪の秘密結社が改造人間を製造する怖ろしい機械がズラリと並んでいるのではないか？　ぼくの頭の中に恐怖のイメージが渦巻いてきた。

プレートの下にベルボタンがあったので、意を決して押してみようとしたとたん、意外にも、変なロボットみたいな声が聞こえてきた。

「押し売り、セールス、お断り！」

なに！　ぼくは押し売りでもセールスでも無いぞ！　あ、そうか、両手に大きな紙袋を持ってるから押し売りに見えたのかも？　誇大広告の現地調査と悟られないよう、まずは潜入することが肝心なので、とりあえず無難に返答しておこう。

「いえいえ、私は押し売りでもセールスでもありません。『プロデューサー製造所』の看板を見て興味を持った者です」

するとか、居酒屋のスタッフのようなやたら明るいロボット声が返ってきた。

「いらっしゃいませ、こんにちは！」

次の瞬間、ロックが解除されたのかカチャっという音がして、真っ赤な鉄扉が静かに開いた。中を覗《のぞ》くと……何も無いガランドウな空間が広がっている。

いや、何も無いわけではないが、ほとんど何も無いようなシンプルな空間が広がっていた。ますます怪しい！

高まる心を無理やり落ち着かせて室内をぐるりと見てみると……ほぼ真四角な空間で窓らしきものは無いけど、右側一面が全て開口されてガラスの壁《かべ》になっている。外に視線をやると、眼下に多摩動物公園のこんもりした森が樹海のように広がっている。丘の上だけあって、これは素晴らしい景色《けしき》だ。

室内に目をやると、真ん中にど～んと大きな木の一枚板のテーブルがある。テーブルの上には、ぽつんとタブレットが立てかけてある。タブレットの画面は、大きな目と口のイラストによりロボットの顔になっている。そいつが突然口を開いた。

「いらっしゃいませ、こんにちは！」

鉄のドアの前で声を掛けてきたのはこいつだったんだ。

意表をつかれてぽかんとしていると、今度は人の声がした。

「やぁ、どうぞお入りください」

奥の方にデスクらしいものが見え、そこに一人の男性が座っていた。彼が、製造所の所長さんか？

その男性は立ち上がると、手で「どうぞどうぞ」と言うように、ぼくを中に招き入れた。すらりと背の高い男性で、歳の頃は五十くらいか、少しグレーの混《ま》じった長い髪《かみ》の毛を後ろ手に絞っていて、いわゆるサムライヘアーだ。顔には、鮮《あざ》やかなブルー縁の眼鏡《めがね》をかけている。一言で言って〝カッケー〟。

でも、春先の小寒い日だというのに、白い半袖のTシャツにネイビーの半ズボン姿……まるで、アメリカ・カリフォルニアの映画プロデューサーみたいな出で立ち……やっぱり怪しい！

彼は大きなセンターテーブルの椅子《いす》を示して、「どうぞ座って」とのこと。ぼくは大きな手荷物をテーブル脇に置かせてもらい、遠慮なく椅子に座らせてもらった。

「荷物が多くて、ちょっと疲れたので助かります」

彼は、「あぁ、ここは丘の上にあるし、ビルの屋上だし、みなさん疲れるようだね。悪いね」と。意外にもいい人みたい。いやいやまだ油断《ゆだん》はできない、怪しい！

彼も斜め横の椅子にゆったりと座り、足を組む。

「私は、ショーン・光岡です」

ショーン・ミツオカ……〝カッケー〟。でも、日系人？　ハワイの人？　カリフォルニアの人？　やっぱり怪しい！

「あ、はじめまして、光岡さん」

「ショーンでいい」

彼は、そう言ってウィンクした。〝カッケー〟。でも、まだまだ怪しい！

続いて、ぼくも名前を名乗った。

「ぼくは、いや、私は可部厚志と言います」

その時、思いもよらない声が！

「マイネーム・イズ・イッキュー、よろしく」

あのロボット声だ！　テーブルの上のタブレットが話しかけてきたんだ。

「そいつは、ＡＩチャットボット・ロボット、１Ｑ（イッキュー）って言うんだ」

ＡＩチャットボット・ロボット？　ややこしい。

「私の助手みたいなものなので、何かわからないこととかあれば、話しかけて」

へぇ、今の時代、助手もＡＩなんだ。

再びぐるりと部屋の中を見渡してみる。大きなセンターテーブルとショーンさんのデスク、そしてソファ以外に、モノらしいモノは何も無い。見事なくらいにシンプルな空間だ。
その様子を見たショーンさんが口を開いた。

「ん？　何か？」

「いえ、〝製造所〟という名前だったので、ものすごい機械が並んでいるのかと勝手に思っていたので。あまりにも何も無いのでちょっと驚いたもので」

ショーンさんはカラカラと笑った。

「そうだよね、名前が〝製造所〟だものね。でも**プロデューサーを製造するには、何も無い方がいいい**んだ」

「何も無い方がいい？」ぼくは、不思議そうに聞き返した。

「うん、プロデューサーが生み出すものはモノじゃなくてコト、頭の中に浮かぶイメージだったりするんで、何も無いのが理想だね」

どんどん怪しくなってきたぞ！

ショーンさんが続けた。

「私も、少し視力が落ちてきたんで眼鏡はしてるけど、プロデューサーは何も身に付けないのが理想だね。でも、今どき、スマホだけは必要だけど」

そう言って、胸ポケットから白いスマートフォンを取り出し、テーブルの上に置いた。

まじまじとショーンさんの姿を見てみると、白い半そでTシャツ、ネイビーの半パン、白いスニーカーだけ、腕時計もしていない。それに比べて、ぼくときたら、背中にバックパック、両手に紙袋、全身黒ずくめの営業スーツ……。身軽さを比べたら、ショーンさんが圧倒的に勝ちだ。

「さて、そんなことより、今日はどんなご用？」

そうそう、本題に入らないと。

ぼくは個人情報に関わることはぼやかしながら、とある広告代理店の企画営業をしていること、その会社はかなりブラックな会社であること、そして、新人に毛が生えたようなぼくに新規開拓をさせていること、今、新規開拓中の企業のプロモーションのプロデュースに関わっていること、なので、現在の下っ端では無く、一日も早くプロデューサーになりたいことなどを話した。

「そんな時に、『プロデューサー製造所』の看板を見て、興味を持ったんです」

ここでぼくは、ズバリ切り込んで聞いてみた。

「本当に〝一日でプロデューサーになれる〟んですか？」

するとショーンさんから、とんでもない言葉が返ってきた。

「いや、一時間でなれるよ」

三つの製造コース

〝一時間でプロデューサーになれる〟！

いよいよもって超怪しい！　やっぱりこの人は詐欺師《さぎし》だ。この製造所はイカサマ組織に違いない。

「〝一時間〟ってそんな馬鹿な……」

呆《あき》れ返ったぼくは、素っとん狂な声を出した。その声にかぶせるように、1Qが話し出した。

「当製造所の三つのメニューを紹介するぞ。まずは、①クイックコース（一日、実際には一時間でプロデューサーになれる）　二千円」

「クイックコース……一時間でプロデューサーになれる……しかも二千円」

ぼくは、惚《ほ》けたように繰り返して言うだけで精いっぱいだった。

「続けて、②スタンダードコース（五時間）　五万円」

「スタンダードは五時間……五万円」

「最後に、③スーパープレミアムコース（毎月一回×六か月）百万円」

ぼくはあまりの衝撃に、ぽっかり口を開けたまま、喉《のど》の奥から声を絞り出した。

「ス、スーパープレミアムは、六か月……ひゃ、百万円！」

ここは、ぼったくり会社に違いない、超・超・超怪しい！

ぼくが声にならない声を出したところで、ショーンさんは何でも無いように穏やかに聞いてきた。

「どれがよろしいかな？」

どれがよいかと聞かれて、「はい、スーパープレミアムコースお願いします」って言う人いる？　ぼくが衝撃を受けて固まっていると、ショーンさんは続けて言った。

「まぁ、君はまだ若そうだし、初めての来所ということなので、クイックコースを特別に無料にしてあげてもいいよ」

おぉ！　二千円が無料に！　って、ぼく、喜んでんじゃん。いかんいかん、こういうのが詐欺の手口に違いない。初めは無料、続いて高額商品へ、最後は全財産持っていかれる……。

世間では「タダほど怖いものは無い」と言う。でも、タダなら試してもいいかもとも思う。でも、タダで釣るのは詐欺の常套《じょうとう》手段、その手に乗るか……と愛想《あいそ》笑いをしているぼくに、ショーンさんは急に真剣な表情になってこう言った。

「君は、プロデューサーになりたいんだろう？」

その言葉に、ぼくの背骨にビッと電流が走った。この人、本当に信じていいの？　それとも信じちゃいけないの？　うん、ここは騙《だま》されたと思って、勇気を持って一歩踏み出そう。

ショーンさんが再び聞いた。

「どれがよろしいかな？」

ここでぼくは、父さんの口癖を思い出した。「初めての店で、コースは頼むな」だ。初めて入った飲食店で料理人の腕もわからないのにコース料理を頼むと、不味《まず》くても最後まで食べなくちゃいけない。でも、まず一品頼んでみて美味《おい》しければ、続けて次の品を頼めばいい、と。

そうだ、まず一品頼んでみよう。ぼくの腹は据《す》わった。

「はい、プロデューサーになりたいです！　クイックコース、お願いします」

「それでは、１Ｑのコースボタンを押して」

１Ｑの顔が変わり、クイックコースのボタンが出現。ぼくがぽちっと押すと、１Ｑからパンパカパーンと音が鳴り、明るいロボット声がした。

「お申し込み、まいどあり！」

なんだか、巧妙な詐欺の手口にハメられているようだけど、今回は￥０（タダ）なんだから平気、平気。

ぼくはショーンさんに聞いた。

「あのー、クイックコースって、いつ・どこで・何をやるんですか？」

「君さえ良ければ、今から・ここで・約一時間ほどやってもいいよ」

えっ、そんな簡単に？　まぁぼくも一時間くらいなら大丈夫だったので小さく頷《うなず》いた。

一時間でプロデューサーになれるクイックコースって、一体どんなことをやるんだ？

ぼくはなんだか悪寒と吐き気がしそうなほど、緊張して身構えた。

そんな青ざめた顔色のぼくを見て、ショーンさんはリラックスさせるように足を組み替えると、ぼくに質問してきた。

「ところで君は、どうしてそんなにプロデューサーになりたいの？」

ぼくは、会社で置かれている状況や体制、劣悪な環境について話した。そこから脱出するためにも、一刻も早くペーペーからプロデューサーになりたいんだと力説した。

「なるほど、なるほど。君がプロデューサーになれるよう、力になるよ」

その時、ぼくは気にかかっていたことをズバリ聞いてみた。

「本当に〝一時間でプロデューサーになれる〟んですか？」

その問いに対するショーンさんの答えは、衝撃的だった！

「プロデューサーは国家資格でも何でも無い。試験を受ける訳でも、誰かに認定される訳でも無い。**自分が〝プロデューサー〟だと名乗れば、今この瞬間になれるんだ**」

た、確かに資格では無いけど、それはあんまりにも！　驚いて両目と口を開けている僕の顔を横目に、ショーンさんは続けた。

「医者や弁護士はダメだよ、長期にわたり厳しい勉強をして、厳格な国家試験を受けてはじめて名乗れる仕事だ。もし、勝手に名乗って営業していたら違法行為、つまり犯罪だよね。でも、プロデューサーは違う。自分が〝プロデューサー〟だと名乗ったとたんになれるんだ」

そう言われてみると、ぼくの付き合いのある広告や広報や映像やイベントの関係会社やフリーランスの人に、たくさんプロデューサーがいることに気が付いた。そうか、みんな勝手に名乗っているのか？

「ただし……」とショーンさんは続けた。

「自分がプロデューサーと名乗るのはいいけど、周りがプロデューサーと認めるかどうかは別問題だけどね」

そう言って、楽しそうに笑った。

「ここに来た時に、君は何も無い空間だと言ってたね？　プロデューサーを製造するのに、特別な施設や設備は必要無い。コンピューターのＯＳ（オペレーティング・システム）を入れ替えるようなもの。外から見て何も変わらないのに、中身はガラリとバージョンアップしている、そんな感じ」

つまり、プロデューサーになるには、プロデューサーになるんだと言う、強い意識改革が必要ってこと。

「さぁ、君も今から〝プロデューサー〟と名乗りなさい」

怪しい教団か新手《あらて》の詐欺団か……まんまとぼくは、〝プロデューサー〟になれた気がした。

プロデューサーネーム

その様子を見たショーンさんが畳みかける。

「では、君もプロデューサーネームを名乗ろう」

プロデューサーネーム？　初めて聞く言葉に、戸惑っていると、ショーンさんが説明してくれた。

「プロデューサーネームというのは、小説家や作詞家が名乗る〝ペンネーム〟みたいなものだよ。ビジネスの場合はビジネスネームと言って、仕事する際に効果的な名前のことだ」

「え？　本名では無く、ビジネス上の名前を名乗るんですか？」

「そうだ。君も広告業界ならわかると思うけど、タレントや芸能人はほとんど〝芸名〟を名乗っているよね」

うん、ぼくも何度かCMの撮影現場に立ち会わせてもらったことがあるけど、タレントプロフィールを見ると、本名ではなく芸名の人ばかりだった。

「役者なんかもっと凄い。本名の他に芸名を持った上で、映画や演劇の作品に合わせて〝役名〟を持っているからね」

そう言われてみると、ビジネスネームを持つことなど、大したこと無いような気がしてきた。

ぼくは、思わず聞いてみた。

「ビジネスネームって……例えばどんなものですか？」

ショーンさんの答えに、ぼくは、またまたびっくりした！

「たとえば、ショーン・光岡とか」

え！　ショーンさんの名前って、本名じゃないの？

なんでも、ショーン・光岡はビジネスネームで、百パーセント、純粋な日本人だとのこと。なんだ、勝手に日系人なのか？　カリフォルニアに住んでいる人か？　って妄想《もうそう》しちゃったじゃないですか。

「私の本名は、ヒ・ミ・ツ。だけど、ショーン・光岡と聞いて、グローバルなビジネスマンだと思ったでしょう？　でもこれが、ビジネスネームのパワー。仕事を効率的・効果的に進めるためにビジネスネームを名乗ることは、イメージ戦略としても正しい」

　確かに、名前の持つイメージは強烈だ。

「君のビジネスネームだが……君も、今の職場内での事情や取引先があるだろうから、全く違う名前を名乗るのは難しいことはわかっているので……」

　ぼくは、ごくりとつばを飲み込んで、次の言葉を待った。

「君のビジネスネームは……カベアツシでいこう！」

　ぼくは、カベアツシ！　カタカナになっただけだけど、アーティストやダンサーのように〝カッケー〟じゃないか！

　軽率にも有頂天《うちょうてん》になっているぼくの様子を見て、１Ｑも囃《はや》し立てる。

「よっ、カベアツシプロデューサー！」

　〝プロデューサーに一日でなれる〟、いや、〝一時間でなれる〟……『プロデューサー製造所』でのクイックコースは、こうして終了した。

ショーンさんに促《うなが》されて、1Qのコースボタンを押すと、=¥0と示された。やっぱりタダで良かった良かった。

ショーンさんから、「頑張って、カベアッシプロデューサー!」と激励されながら、入口ドアを出ると、心配していたように、雨がポツポツ……。

ドアが閉まると1Qの明るいロボット声が追ってきた。

「まいどあり!」

雨に当たると両手に持っている紙袋が破れてしまう。一刻も早く、会社へ戻らなくちゃ。

未だ、壁、厚し

『プロデューサー製造所』から会社に帰ったぼくは、確かに〝プロデューサー〟マインドになっていた。その意味で、クイックコースは確かにクイックだ。

ぼくはプロデューサー、そんな意識で仕事に取り組んだ。

まず、㈱アメミヤの案件を詳細なレポートにまとめた。そして、宇津野プロデューサーに提出し報告した。

そして、ぼくは宇津野Pに直訴《じきそ》したんだ。アメミヤの案件について、ぼくをプロデューサーにして欲しい、そしてついでに、名前をカベアッシにさせて欲しい、と!

宇津野Ｐの返事はどうだったかって？　たった一言。

「バカ！」

「バカ！」って失礼ですよね？　フキハラにモラハラ、ついでにパワハラのトリプルハラスメントで訴えてやる！

クイックコースでかかったのと同じくらいの時間、ぼくは宇津野Ｐから大目玉をくらった。

「お前がプロデューサーに？　百年早い！」とのこと。予想できたことだけど、あちゃ〜って感じ。

アメミヤの案件は、金暮常男（かねくれ・つねお）副部長の担当とする、ぼくはその下っ端で動け、とのこと。

金暮副部長さんは悪い人じゃないけど、一緒にランチに行った時でも、「ワルい、今、金欠なんで、お金貸して」というくらい、頼れない感じ。「金くれ」「時間くれ」「力貸してくれ」、挙句《あげく》の果ては「なんとかしてくれ」って。こういう人をTaker（テイカー）って言うらしい。Give ＆ Take のテイク、つまり〝与える人〟では無く〝取る人〟。

金暮副部長からも、「オレは忙しいんで、可部くん、一人で企画書作ってな。でも、万が一、万々が一、コンペが採用されたら、オレの営業売り上げにしてな」って。

あ〜あ、やっぱりぼくがぺーぺーだから、成果まで横取りされちゃうんだ。自分の名前の通り、**未だ、プロデューサーへの壁、厚し！**

クイックコースで、自分がプロデューサーになった気分までは得られた。また、プロデューサーネームを語ることによる意識改革は少しだけど、できた気がする。でも、でも、実際の仕事上では、何も変わって無いよ！

『プロデューサー製造所』は、怪しい、疑わしい、胡散《うさん》臭い。ショーンさんは、香具師《やし》、詐欺師、イカサマ師……。忘れよう、忘れようとするんだけど、頭の中でぐるぐると思いが巡る。

クイックコースがタダだから、そこまでのことしか教えてもらえなかったんでは？　いやいや、実は、その気にさせるだけのイカサマだったんじゃないか。スタンダードコースにすれば、プロデュースの本質を教えてくれるのでは？　いやいや、一事が万事、クイックがあんなもんだったんだし。もし、スーパープレミアムコースとやらにすれば、プロデュースの極意《ごくい》が授けてもらえるのでは？　そんなのに引っかかったら、相手の思う壺《つぼ》じゃん……。

ぼくの頭の中は、カオス寸前になっていた。

第2章

PRODUCE

スタンダードコース【編】

プロデューサー製造所

再び、決死の潜入

今は土曜の朝十時。今いる場所は、多摩動物公園駅。

暖かい土曜の朝ということで、駅周辺は、ファミリー客でごった返していた。

ぼくは久しぶりに一日休暇をもらうことができたので、やっぱり、気になる『プロデューサー製造所』へと向かっている。

初めて行ってからもう十日……その間、アメミヤの案件での企画の切り口は何も得られていない。このままでは、ゴールデンウィーク明けの企画プレゼンに間に合わなくなる……。

ぼくは焦りもあり、今一度ショーンさんに会ってみることにした。

前回と違い、チノパンにポロシャツ、ジャケットだけという身軽な恰好で。少〜しだけ、プロデューサーに近付けたかも。

身軽ということもあるのか、丘の上のビルの上のペントハウスの『プロデューサー製造所』には、すぐ着いた。

見覚えのある赤い鉄扉のベルボタンを押そうとしたら、1Qのロボット声が。

「押し売り、セールス、お断り！」

ＡＩなんだから、顔認証くらいあるだろ、二度目なんだからいい加減顔覚えてくれよ！

「以前クイックコースでお世話になった、可部厚志です」

そうするとドアが開いて、ゲンキンなロボット声がした。

「再度いらっしゃいませ、こんにちは！」

中は何一つ変わらずに、ガランドウな空間。大開口のガラス窓からは、多摩動物公園の森の中に、前回と違いちらほらと桜が見える。

奥のデスクでノートパソコンを見ていたショーンさんが顔を上げ、立ち上がった。今日は、春らしい薄ピンク色のＴシャツに、ネイビーに細いピンストライプの半パン姿。ブルー縁の眼鏡をかけてこちらを見て、挨拶してくれた。

「おはよう、カベアツシプロデューサー、今日くらいに来ると思い、待ってたよ」

え！　ぼくがそろそろ来るとわかっていたの？　なんで？　ちょっとびっくりした顔をしたぼくに、ショーンさんは優しく声をかけてきた。

「元気だった？」

ぼくは「まぁ」と生返事をして、前回と同じ椅子に座った。

元気の無い様子に、ショーンさんは聞いてきた。

「うん？　どこか悪いの？」

まさか、機嫌が悪いなんて言うと、宇津野Pと同じフキハラになっちゃう。ぼくは、単刀直入に、今の気持ちをぶちまけた。

「前回はクイックコース、お世話になりました。しかもタダで……」

ショーンさんは、ふんふんと聞いている。

「初めは〝一日でプロデューサーになれる〟訳無いって思ったけど、〝一時間〟、いやプロデューサーになるのは〝一瞬〟、意識改革が大事ということがわかりました。そして、プロデューサーネームを持つことで、今の自分では無い、もう一人の自分＝プロデューサーになれそうな気がしたことも事実です」

ショーンさんは、続けてという仕草。

「でも、でも、本質のところは何も変わって無いんです！　ぼくは似非《えせ》では無く、本物のプロデューサーになりたいんです！」

自分でもびっくりするくらいの大きな声が出たけど、ショーンさんは何事も無かったかのように1Qを指差した。そこには、スタンダードコースのボタンが……。

「さ、スタンダードコースのボタンを押して」

き、急に言われても……。ためらっているぼくに、ショーンさんは真剣な顔をして、再びこう言った。

「君は、本当にプロデューサーになりたいんだろう？」

その言葉に、ぼくの背骨に再びビビッと電流が走った。

「はい、プロデューサーになりたいです！　スタンダードコース、お願いします」

ぼくは催眠術で操られているかのように、１Ｑの画面にあるスタンダードコースのボタンをぽちっと押した。

前回同様、パンパカパーンと音が鳴り、１Ｑの声が。

「再度お申し込み、まいどあり！」

これぞ見事なセールス・クロージングテクニック！　って、感心している場合じゃない。今回のコースはタダじゃない。五時間・五万円……、ぺーぺーのぼくには痛すぎるお金だ。でも、もし、もし本当にプロデュースの力を付けることができて、アメミヤの案件を獲得することができれば……評価はうなぎのぼり、ボーナスもアップ、そして憧れのプロデューサーに近付くことができたなら……安いもんではないか！

ぼくの悪い癖がまた出たようだ。自分自身を納得、いや説得しちゃうところがあるんだよね。

そんなことを考えていると、１Ｑからこんな言葉が。

「前金でお願いします！」

ショーンさんが苦笑いしながらこう言った。

「悪いね、ウチのシステムなもので」

こいつら（失礼）、この二人（一人と一台）、絶対グルだ！　そうは思ったけど、前金で取ることはビジネス上間違っていない。

支払いは、電子決算でとのことなので、ぼくはスマートフォンのeウォレットをタッチした。申し訳ないけど、支払いは五回分割で。

ぼくはクイックコースの時と同じく、聞いてみた。

「スタンダードコースは、いつ・どこで・何をやるんですか？」

「君さえ良ければ、今から・ここで・約五時間ほどやってもいいよ」

えっ、ショーンさんはそんなに暇《ひま》なの？　ぼくも今日一日は大丈夫なので小さく頷いた。

「スタンダードコースは、ウチで一番人気のコースでね。これを受けたら、**プロデュースについて、180度考えが変わる**と思うよ」

五時間で、プロデュースについて180度考えが変わる、プロデューサーになれるスタンダードコースって、一体どんなことをやるんだ？

ぼくは再び、悪寒と吐き気がしそうなほど、緊張して身構えた。

プロデューサーのイメージ

スタンダードコースは、ショーンさんの静かな問い掛けから始まった。

「君は、プロデューサーにはどんなイメージを持っている？」

プロデューサー……そのイメージ？

まずは、身近なプロデューサー像を思い出してみた。

ぼくの直属の上司、宇津野プロデューサー……。

「そうですね、まずは独裁的、強権的、我が強い。でもそれって悪いことばかりじゃなく、強い統率力、リーダーシップがあると言えるかと」

ショーンさんは静かに顎《あご》を撫《な》でている。

続けて、ぼくたちに仕事を発注してくれるクライアント（依頼主）である、大手企業の担当プロデューサー……。

「独自の個性を持ち、絶対的な世界観を周りに発信している。でもそれは、みんなが迷うこと無く従うことができる指標を示してくれているかと」

更に、ぼくの付き合いのある関係会社（つまり広告・広報・映像・イベントなどのスタッフ）のプロデューサー……。

「初めて会ったのに、人の名前を〝〇〇ちゃん〟と呼んで馴《な》れ馴れしい。でもそれはすぐに打ち解けられるコミュニケーション術なのかと」

広告・広報・映像・イベント業界にはフリーランス（つまり、個人経営）のスタッフも多い。フリーのプロデューサー……。

「会社組織に縛られず、まさにフリー（自由）に生きている。クライアントへのプレゼンの時でも、ダメージジーンズにアロハシャツで現れることも。でもそれはクリエイティブな環境に身を置くには必要なことかと」

ぼくは知り合いのプロデューサーたちを何人か思い出しながら、良し悪し両面に配慮しながら、一通りイメージを語った。ぼくも広告業界の端くれ、日々商品・サービス分析を仕事にしているので、自分でも、なかなかいい分析ができたぞ！

はたして、ショーンさんの反応は……？

「そうだね、まずはリーダーシップ型、そしてコミュニケーション型、最後にクリエイティブ型のイメージもあるよね」

反応は、とてもいいぞ！

「君は、最後のクリエイティブ型が似合いそうだね。これからは、ジーンズとアロハを着て仕事しなさい」

「…………」

やっぱり、ここに来るんじゃなかった。やっぱり、この人、詐欺師だ。猛烈に後悔して肩を落としたぼくの様子を見ても気に掛けることなく、ショーンさんはこう言った。

「自分で、気付いたようだね」

自分で、気付いた？

「そう、プロデューサーと自ら名乗っても、プロデューサーネームを語っても、はたまたプロデューサーみたいな恰好をしてみても、本物のプロデューサーにはなれないと言うことを」

そうだ、ぼくはそのことに気が付いたようだ。

「つまり、それは、プロデューサーを名乗ったり、プロデューサーっぽい外見をつくろったりしてもダメっていうこと？」

「もちろんそうだよ」

スタンダードコースが始まって早々で、ショーンさんの口から結論が述べられた。

「プロデューサーの本質は、**プロデュース能力が有るか無いか**だから」

が～～～ん！　ぼくの頭の中で、大きな鐘の音が響いた。

プロデューサーがプロデューサーであるためには、プロデュースの能力が必要。考えてみればとても当たり前のことだ。料理人が料理人であるためには、料理の能力が必要。ダンサーがダンサーであるためには、ダンスの能力が必要……。

こんな本質的なことにも気付かずに、ぼくは、プロデューサーを外からばかり見ていたんだな。

「今、気付きました、プロデューサーのことを外面ばかりしか見ていませんでした、すみません」

ぼくはそう謝ってから、ズバリ聞いた。

「そのう、では、プロデュース能力って、なんですか？」

ヒントは語源

ショーンさんも、その単刀直入な聞き方に少し呆れたのか、ぷっと小さく笑って答えてくれた。

「プロデュースって言葉もそうだけど、カタカナ言葉って、なんだか腑《ふ》に落ちないよね」

確かに。今、日本には、いや、自分が所属する広告業界にも、カタカナ言葉が溢《あふ》れている。プロデュース、ディレクション、オペレーション、アイデア、コンセプト、プランニング……。

本当に理解しているかって言われても、難しいかな〜。

ショーンさんが言いたいことは、カタカナ言葉では無く日本語にすればいいのに……と思うけど、日本語を当てはめてもピンとこない言葉がある。

「たとえば、広告業界ではよく使う《コンセプト》だけど、どういう意味かな？」

「えーっと、直訳すれば《概念》ですかね？　でも、なんだかですね〜」

「だよね。そういう時には、まずは語源に当たるといいよ」

語源……言葉のみなもと。そう言えば、《コンセプト》の語源ってなんだ？　ぼくは、1QがAIであることを思い出して問うてみた。

「1Q、《コンセプト》の語源は何？」

1QはさすがAI、瞬時に答えた。

「《コンセプト》の語源は、ラテン語のconceptioで、《受胎・妊娠》を意味するぞ」

えーっっっっ！　《受胎・妊娠》だって、びっくり！

「そうなんだよ、単に《概念》と訳しただけではわからないだろう？　《コンセプト》は、新しいビジネス、新しいサービス、新しいクリエイティブが命を宿し、自らむくむくと成長してゆく生命体のようなエネルギーに溢れた言葉なんだ」

《コンセプト》は、生命体……。ぼくが考えていた《コンセプト》のイメージは、なんてチープだったんだ。

と言うことは、㈱アメミヤの案件で企画提案する《ブランドコンセプト》も、そんな生命力に溢れた言葉を見つけ出さなくちゃいけないんだな。ぼくは、困難だけどそれに立ち向かうことで奮い立つ、冒険家のように武者震いした。

「一つ、理解が進んだかな?」

ぼくは頷くことなく、話を先に続けた。

「では、《プロデュース》についても、語源を当たることで、理解がブレークスルーできるということですね?」

「うむ、君が考える《プロデュース》って、どんなものかな?」

「《プロデュース》を訳すと、確か《生産・制作》だったかと。そこから考えるに、偉い人が、一つ上から指示を与えてコントロールするみたいな?」

ぼくの答えは、質問になっていた。

そんな様子を見たショーンさんは、1Qを示して「どうぞ」した。

「1Q、《プロデュース》の語源は何?」

1Qの答えの中に、《プロデュース》の本質が秘められていた!

プロデュースの正体

「《プロデュース》の語源は、pro「前に」＋duce「導く」だぞ」

おっと！「前に・導く」……ぼくが考えていた、上から無理やり与えるのとは真逆なイメージだ！

「《プロデュース》とは、前に・導くこと……」

「そうなんだよ、前に導く、前に引き出す、対象となるものに本来あるもの、元々持っているものを前に引き出してあげることなんだ」

ショーンさんがアイドルのプロデュースを例に、説明してくれた。

アイドルをプロデュースすると聞くと、強い権力を持つプロデューサーが、好きなイメージを押し付けて無理やり創り上げる、と考えてしまうけれども、実は真逆。

たとえば、まだ素人の女子高校生がアイドルオーディションに来たとする。本物のプロデューサーは、彼女の中にある才能・個性・魅力を見つけ出し、前に引き出そうとする。もし声に魅力があれば歌手として。踊りが素晴らしければダンサーとして。感情が豊かであれば役者として。その上で、それに相応《ふさわ》しい芸名を与え、衣装《いしょう》を与え、振り付けを与える。つまり、まだ泥だらけの〝原石〟の中に可能性を見つけ、〝ダイヤモンド〟として磨き上げるようなものだ。

対象となるものの中に、才能・魅力・可能性を見出し、前に導き出してあげる！

ぼくの考えていた《プロデュース》イメージは、真逆だった！《コンセプト》以上に、ぼくは大きな衝撃を受けた。

と言うことは、㈱アメミヤの案件でも、何か外から特別なブランドイメージを与える、押し付けるのでは無く、会社の中にある素晴らしいところ、つまり〝原石〟を前に引き出して磨いてあげるということだな？

もちろん、それが何かはすぐには思い付かないけど、そのアプローチ方法は掴《つか》めた気がした。

何か啓示を得たような目をしているぼくを見て、ショーンさんも得たりという表情だ。

「世の中には、自らプロデューサーと名乗り、プロデュースしてるって顔をしている似非プロデューサーもいっぱいいる。でも、本物のプロデューサーは、対象となるものを敬意を持って見つめ、必死にそのポテンシャルを見抜こうとしている」

ショーンさんは、本『野豚。をプロデュース』を引き合いに説明してくれた。

「ある日、転校生としてやって来た信太（のぶた）くん、〝野ブタ〟と呼ばれていじめられるんだけど、主人公の男子高校生（オレ）が暇つぶしにプロデュースして、学校一の人気者にしてゆくってストーリー。そこでも、オレプロデューサーは、信太くんの個性や魅力を見出して前に引き出してゆく様子が描かれているんだ」

へぇ、面白そうな本だ、すぐ買って読んでみよう。

ここから、ショーンさんの話は、プロデュースとディレクション、オペレーションについての話となった。

「プロデューサーが生み出したコンセプトを、実際に形にしてゆくのがディレクターだ。では、《ディレクション》とは何をするの？」

こんな感じで、ショーンさんは、ぼくの中から考えや思いを前に引き出していってくれた。これが《プロデュース》と言うことなんだね。

《ディレクション》の語源は、〝方向を示す〟ということらしい。つまり、初めて訪れた場所で、右も左も、北も南もわからない状況の中で、目的地を「あっち！」と明確に示すというイメージだ。

ぼくも参加したＣＭの撮影現場でも、ディレクター（監督）は大忙し。照明や音響、美術や衣装などのスタッフから、「監督、ここはどうすればいいですか？」と、質問責め。また、タレントや役者さんからも「監督、私はどう動けばいいですか？」と。関わっている人みんな、まだ見たことの無い作品を創る訳で、つまり、初めて訪れた場所みたいなもの。その中で、目指すゴールは「あっち！」と明確に示すということは、並大抵の力量ではできないよね。

広告・広報・映像・イベント業界でも、ディレクターさんは多い。アートディレクター、映像ディレクター、クリエイティブディレクター……。ディレクターさんって、ホントに凄い方です。

「そして、ディレクターが差し示した方向性を、具体的に仕上げてゆくのがオペレーターだ。《オペレーション》とは何をするの？」

《オペレーション》の語源は、〝効果的に動かす〟。お医者さんが「オペする」と言うのは「手術を効果的に行う」と言うことだし、軍隊が「オペを決行する」と言うのは「作戦を効果的に実行する」と言うこと。

ディレクターの指し示すイメージを、効果的に確実に運営するというのは、ズバ抜けた専門性と集中力が無いとできないよね。

広告・広報・映像・イベント業界でも、オペレーターの方は多い。音響オペレーター、照明オペレーター、映像オペレーター……。オペレーターさんも、ホントに凄い人です。

「プロデューサー、ディレクター、オペレーター、そしてスタッフがチームを組み、コンセプトの具現化目指し、一丸となってゴール（実現）に向かうんだ」

なるほど、チームのスタッフみんな、どっちが偉いとかそういうことでは無くて、みんな揃って初めて仕事ができるんだ。

「鉄道に詳しい友人に聞いたところによると、その昔、日本の新幹線は先頭車両だけにエンジンがあったようだ。現在、のぞみ号には全車両にエンジンがあることで、時速３００キロメートル以上を達成できたんだ」

なるほど、プロデューサーのみならず、プロジェクトに関わるチーム全員がプロフェッショナルでリーダーシップを発揮することで、最強のチームができるんだ。

「最強のチーム、それは、全員がリーダーであること。その上で、**プロデューサーは、リーダーの中のリーダー**なんだ」

なるほど、全体を取りまとめるプロデューサーは、やっぱり大変そうだけど、とてもやりがいのある仕事だな。

ちょうど十二時に、１Ｑが時報を鳴らして叫んだ。

「お昼だ、ランチタイムだぞ！」

プロデュース実践演習

ここに来てから、あっと言う間の二時間……ぼくのおなかから、ぐぅ〜っと音が鳴る。

ショーンさんも、少し疲れたと言うことで、ランチタイムに。しかし、今日はどうなるかわからなかったので、ぼくは何も食べ物を持参していないんだけど……。

「今日の君は軽装だね。手ぶらということは、ランチは無いね」

1Qを指差すので見てみると、そこには、デリバリーのメニューが出ていた。なるほど、ここの周りはビジネス街では無いので、近くにカフェがあったりしないものね。

でも、メニューを見ると、いわゆるオシャレなカフェのラインナップとは随分違う。
・サバンナキッチン　メンチカツカレー
・コアラ館　ベジタブルハンバーガー
・ライオンカフェ　骨付きソーセージホットドック　などなど
「ユニークなメニューのデリバリー屋さんですね」

「あぁ、これらは隣の多摩動物公園の中にある飲食店さんにお願いして届けてもらってるんだよ」

なるほど！　道理でアニマル色が強いと思った。ぼくは、サバンナキッチン　メンチカツカレーのボタンをぽちっと押した。

すると、1Qから声がした。

「前金でお願いします！」

うーん、とてもしっかりした助手だ。

そんなやりとりを横目に、ショーンさんは、デスクのサイドテーブルの上にあるイタリア製コーヒーメーカー、デロンギでドリップ式のコーヒーを入れてくれると言う。室内全体に、コーヒーのい〜い匂いがした。

コーヒーを飲んでいるとサバンナキッチンからランチも届いた。メンチカツもカレーもなかなか美味しい。ショーンさんは、持参して来たベーグルをわしわしと食べている。多摩動物公園のぼちぼちの桜の森を眺めながら、しばし、静寂の昼休みを楽しんだ。

一時きっかりに、１Ｑが時報を鳴らして叫んだ。

「ランチタイム、終了！」

しっかりした助手だ。

さぁ、午後からは、プロデュース実践演習だ。

ぼくは、実践演習の案件として、あの㈱アメミヤの案件を取り上げさせてもらった。この場でショーンさんのアドバイスを受けながら、ブランドコンセプトなどを創り上げるヒントを得られたら、五万円もお安いもんだ。

㈱アメミヤが七十年連綿と培って来たものを《コンセプト》として〝命を宿す〟！　その魂を、《プロデュース》〝前に導く・引き出す〟！

ショーンさんとぼくの、熱いディスカッションは続いた。

最後に、ぼくがちょっと気に掛かっていることを聞いてみた。

「今回、ブランドイメージづくりやイベント企画については、何かが掴めてきたような感じがして、自信が出てきました。でも、テレビCM企画については、まだまだ自信が無いんです」

ショーンさんが、ん？　という顔をしたので、ぼくは本音をぶっちゃけた。

「テレビCMって、関東一円の何千万人の人が観るんですよね、そんな大それたものの企画を作るなんて、もうビビッちゃうと言うか、怖いって言うか……」

「なんだ、そんなことか」と言う表情をして、ショーンさんはぼくに、力強いメッセージをくれた。

「**自分の中に百万人いる**と思え」

自分の中に百万人いる！

「いや、一千万人いるでもいいよ」

つまり、自分の中に多くの人が居て、自分はその人々の声を代弁するという感覚。自分が面白いと思うものは、百万人が面白いと思うはず。自分が感動するものは、一千万人が感動するはず……と言う〝自信と確信〟を持て、と言うことらしい。

「プロデューサーは日本中の人々に〝驚きと感動〟を提供するんだ。自分が提供するものに自信が無いなんて思っている暇は無いぞ。逆に、自分が提供するものを、一千万人に早く観てもらいたいと思うくらいでないと」

そうだった、ここでも、強靭《きょうじん》なプロデューサー・マインドが求められているんだ。ぼくは、テレビCM企画に逃げ腰だったんだ。ぼくの企画で、多くの視聴者に大きな感動を与えたい！　今、そんな気分になっていた。

１Qが時報を鳴らし、叫ぶ。

「チーン、コース終了！」

『プロデューサー製造所』のスタンダードコースは、このようにして終了した。

今日の今日まで、プロデューサーというポジション、プロデューサーとしての恰好、プロデュースしている姿……と、外面ばかり見ていたけど、まさにコンピューターのＯＳがごっそり入れ替えられたように、ぼくの頭と精神は１８０度変化していた。

五時間・五万円は、うん、けして高くは無い、いや、安いくらいだった。

夕方の多摩動物公園駅には、帰宅に向かうちびっこ連れファミリーでいっぱい。明るく元気な子供たちの声が溢れている。

桜の花はまだ三分咲き……ぼくのプロデューサー度も三分咲き、かもしれないけど、心に明るい希望が咲き掛けていた。

勝利のブレイクスルー

世間では、ゴールデンウィークの余韻がまだ残っている。今年のGWは基本ずっと天気が良く、子供たちもお父さんもファミリーも大喜びだったとのこと。

でも、たぶん、今日本で一番ハッピーなのはぼくだと断言できる！　※個人の感想です

その理由は、㈱アメミヤさんへの企画コンペで、見事勝利することができたから！　パチパチパチ……。

GW明けすぐに企画プレゼンが行われたんだけど、競合相手は日本を代表する大手広告代理店三社！　電広社、博宣堂、ＡＫＢ社……名前を聞いただけで膝《ひざ》ががくがくする対戦相手だ。その末席に滑《すべ》り込んだのが、我が㈱ホワイト・エージェンシーで、計四社での企画コンペとなった。

でも、業界の常識？　を覆《くつがえ》し、当社がコンペ勝利！　この結果に、一時広告界隈《かいわい》が騒然とした様子。なぜわかるのかって？　電広社の営業本部長からウチの宇津野プロデューサーに直電がきたから。ぼくは近くのデスクで聞き耳を立てていたけど、電広社の営業本部長さんは、どうも宇津野Ｐが仕事を発注してもらっている恩人みたいで、宇津野さん、

「すみません、すみません……」ばっかり言っていた。

そりゃそうだよね。仕事を発注してあげている弱小会社に、大きなビジネスを持っていかれたんだから、怒って当然だよね。

電話口で一通り状況説明と謝罪を繰り返した宇津野Pは電話を切ると、カッと目を見開いてぼくを見た！　わっ、またフキハラ火山が大噴火するぞ！

首をすっぽんのようにすくめたぼくに、宇津野Pは意外な言葉を掛けてきた。

「可部兵隊、よくやった」

へっ？　あの部長がこんなことを言ってくれた！　ぼくは心の底からびっくりした。宇津野さんも、いつも仕事を受けてばかりの〝受注体質〟なことに、少し嫌気が差していたのかも……。弱小広告代理店が、超大手を相手取り企画コンペで勝つ！　やっぱり気持ちいいんだ。

宇津野さんが優しかったのは、ここまで。

「㈱アメミヤの案件、実施をミスったら島流しだぞ！」

この現代社会において、〝島流し〟ってそんな……。でも、確かに企画が良くても実施がミスすれば台無しだ。ぼくは、心と体を引き締めた。

後ろからするするっと、金暮副部長が声を掛けてくる。

「可部くん、今回、絶対負ける企画コンペを勝ったんだって、おめでとう。オレも嬉しいよ」

金暮副部長は、自分の営業成果になるから嬉しいんでしょ？　「はぁまぁ、まぐれですけど」と謙遜《けんそん》したんだけど……「そうだよね、でもまぐれでもいいじゃん」って……。

副部長は、ぼくが一人で企画書を作っていた時には一度も見なかったくせに、今回〝まぐれ〟で勝った企画内容が気になってしょうがないみたい。今回の企画コンペで提出した企画書を見せろと言ってきた。もちろん、この案件の担当責任者は金暮副部長なんで、企画内容をしっかり理解してもらわないと困ります。

ぼくが手渡した企画書を、副部長は食い入るように読んでいる。

大手広告代理店を相手に、企画コンペを勝つことができた《コンセプト》とは？　《プロデュース》とは？　ぼくも自分自身をブレイクスルーすることができた、企画内容を紹介します。

一点突破

㈱アメミヤ創業七十周年記念イヤープロモーション事業。その《コンセプト》は……

『ＧＲＩＰアメミヤの底力。』

㈱アメミヤさんに飛び込み営業した際に、雨宮徳三郎社長が熱く語ってくれた言葉の端々に込められていた〝安心・安全〟への思い。

ゴム靴は、一般の人は雨の日に履《は》いたり、プロの人は水に濡《ぬ》れた工場で履いたりする。登山家などのアスリートは、もっと危険な岩場や崖《がけ》を登ったりする。そんな現場で、滑《すべ》ずしっかりと足元を決めるＧＲＩＰ力が、アメミヤ製品に求められている役目だと。つまり、一般人からプロの人まで、アメミヤ製品は〝安心・安全〟を提供する、それを支えているのが、『靴の底の力（ＧＲＩＰ力）』だと。

雨宮社長の創業からの志を《前に導く》ことで炙《あぶ》り出された言葉が、『底力』だった。『底力』は、もちろん製品（ゴム靴）の底の力、素材だったり機能だったり性能だったりを訴求することに使える言葉。また、提案やソリューションでも粘り強く対応する営業の『底力』でも使える言葉。さらに、創業から七十年間、製品作りやお客様対応に手を抜かず真摯《しんし》に向上を目指してきた会社の『底力』でも訴求できる言葉……。

ぼくがこの《コンセプト》をプレゼンしていた時、雨宮社長はじっと空中の一点を見つめていた。ぼくは、「ヤバ、怒ってる？」って思っていたけど、今考えると、この言葉に思うところがあったんだろうね。

後で脇山宣伝部長に聞くと、「社長が、『底力』を一番気に入っている」とのことで良かった良かった。

この《コンセプト》を元に、一貫したクリエイティブを展開した。イメージポスター（ビジュアル&コピー）は元より、ホームページ、パンフレット、果ては名刺まで『底力』を前面に押し出した。社内でも感触が良く、社員の一人ひとりがどことなく力強くなってきたとのことで良かった良かった。

そうそう、秋十月に東京ビッグサイトで開催される、『東京ものづくりフェア』での展示ブースについてもお話しなきゃ。

展示ブースと言うくらいだから製品を展示する場所な訳だけど、今回の製品はゴム靴、そして《コンセプト》は『底力』なので、一工夫が必要だ。

ゴム靴を履いたモデルさん（男女）を登場させるファッションショーを提案したんだけど、なんとステージは空中！　つまり、来場者の頭の上に透明の特殊ガラスを渡し、その上をモデルがウォークし、ゴム靴の底（ソール）を見せる演出なんだ。

ただ製品を置いて展示する〝静展示〟では無く、モデルが履いて歩く〝動展示〟に、なお来場者は顔を上にして見上げる〝ダイナミック展示〟を提案したんだ。

もちろんこれらの提案も、ダイレクトに『底力』を訴求する演出手法として。

これから制作準備に入るけど、特殊ガラスの荷重チェックやブースの高さ制限など課題は満載。でも、㈱アメミヤの人も、協力会社のスタッフも、「面白そう。ぜひ実現したい」とみんなやる気に溢《あふ》れている。

命ある《コンセプト》の元には、自然とエネルギーが集まってくるんだな。そして、この《コンセプト》を前に導いた力が《プロデュース》……。

ぼくはまた一つ、プロデューサーへの階段を昇れた気がした。

突然の転機

㈱アメミヤの案件にどっぷり取り掛かっていたぼくは、すっかり『プロデューサー製造所』のことを忘れていた。あれほど、藁《わら》をも掴《つか》む思いで二度も訪ねたのに、人間って〝喉元過ぎれば熱さを忘れる〟だね。

でも、今は猛烈に行きたくなっている。ショーンさんに会いたくなっている。なぜかって？

ぼくの身の上に、突然の転機が降り掛かってきたから！　なんと、会社から異例の辞令が出て、まさかの出向（会社に所属したまま、命令で他の会社などに就《つ》くこと）になっちゃったから！　ううううう（泣）……。

昨日、宇津野プロデューサーから急な呼び出しを受け、嫌～な予感がしたんだけど行ってみると、悪い予感は的中、まさかの出向辞令交付だった。

「可部厚志、右の者に、六月十五日より無期限出向を命ずる」

出向先は、これまたまさかの山梨県甲府市……まさに、〝青天の霹靂《へきれき》〟。

年度替わりしたばかりでの異動は、まさに異例中の異例。社内の同期入社組も驚いている。仲の良い同期とこのことを話していたところ、確信は持てないんだけどと前置きして、こんな噂《うわさ》を教えてくれた。

「どうも㈱アメミヤの企画コンペがらみで、ウチのトップに〝圧〟がかかったみたいなんだ」

ウチ＝㈱ホワイト・エージェンシーのトップとは、創業者の白井一（しろい・はじめ）社長のことだ。

「㈱アメミヤの企画コンペに参加していた博宣堂さんに、白井社長は年間多くの広告制作を発注してもらっているけど、どうもそのルートからの〝圧〟らしい」

なんだなんだなんだ！　広告業界のみなさん、企画コンペはフェアに行われるものですよね？　コンペ自体はフェアでも、勝敗が決まった後の〝圧〟は、全然フェアじゃないよ！　スポーツマンシップじゃないけど、アドマンシップで仕事しましょうよ！

ぼくがいくら泣き言を言っても、上司に懇願しても、会社の決定は揺るがなかった。

今回、大手のメンツを潰したぼくへの、実質的なペナルティのようなものだった。従わなければ、はいそれまで（つまり解雇）になってしまうことだろう。せっかく自分で開発した案件を途中で手放すことになるって言うのが、一番断腸の思いだった。

出向先は、山梨県の県庁所在地・甲府市にある、甲斐《かい》エンタープライズ㈱。ウチとも付き合いのある、県内ぼちぼちな広告代理店のようだけど、ぼくはまだ仕事で付き合ったことは無かった。

宇津野さん、「㈱アメミヤの案件、実施をミスったら島流しだぞ！」と言ったけど、舌の根も乾かない内に、これじゃあ〝山流し〟だよ。※山梨県のみなさん、すみません。個人の感想です

さすがに宇津野Pも悪いと思ったのか、ぼくに言葉を掛けてきた。

「山梨県の中で、独立系で勢いのある広告代理店だ。ウチにいてチマチマやっているより、いい経験になるんじゃないか？　毎日いい空気吸って、富士山を眺めながら、お前の目指すプロデューサーの勉強を大いに積んで来い」

ま、そう考えるより仕方が無い……。

出向まで、あと一か月。ぼくはそれまでにどうしても『プロデューサー製造所』をもう一度訪れ、ショーンさんに今回の顛末《てんまつ》を聞いてもらいたいと思った。それと……それと

……あの三つ目のコース、《スーパープレミアムコース》についてもどんなものなのか、ぜひとも聞いてみたかったんだ。

五月晴れとは程遠く、黒雲が垂れ込める平日の午後、ぼくは自身の処遇について㈱アメミヤさんに説明しに行った。

雨宮社長、脇山宣伝部長共にとてもびっくりして、そして寂しがってくれた。出向の理由は……某大手広告代理店からの〝圧〟なんて口が裂けても言えない。ウチの会社が山梨県にビジネスを拡大するための切り込み隊長として、ぼくに白羽の矢が立って行くことになった、とウソをついておいた。こうでも思わなきゃ、やってられないよ。

ぼくの後任には、金暮副部長が責任を持って当たりますから、どうかご心配なさらぬよう……。

ぼくはそれだけ言って、㈱アメミヤさんを後にした。雨宮社長、脇山宣伝部長共に正門まで出て来て、名残惜しそうに見送ってくれた。本当に良い会社だなぁ。本当にプロモーション最後の実施まで関われなくて残念だなぁ。

ぼくは、目の奥にじんわりと滲《にじ》むものを感じた。

最寄りの万願寺駅から多摩モノレールに乗る。そして降りたのが、そう、多摩動物公園駅。もちろん、『プロデューサー製造所』を訪れるためだ。今回で三回目だけど、一番足取りが重いかも。

今日のぼくは、白いカッターシャツに黒いスーツ姿……まるでお葬式の格好だ。気持ちもまさにそんな感じ。

丘の上のビルの上のペントハウスの『プロデューサー製造所』に着いた。

今回で三度目、もういい加減ぼくの顔は覚えられているだろうと、迷わずドアのベルボタンを押そうとしたら、１Ｑのロボット声が。

「押し売り、セールス、お断り！」

バカＡＩ！　でも、山梨県に行っちゃったら、ここにも簡単には来られなくなるなぁ。

１Ｑとのこんな馬鹿馬鹿しいやり取りも、なんだか愛《いと》おしく感じられた。

「以前スタンダードコースでお世話になった、可部厚志です」

そうするとドアが開いて、ゲンキンなロボット声がした。

「三度《みたび》いらっしゃいませ、こんにちは！」

なんだ、わかってるじゃん。

中に入ると、今日も、半袖Ｔシャツに半ズボンのショーンさんが「やぁ」と手を挙げた。

ただいつもと違うのは、一人の若い男の人と話をしていたようだ。

ショーンさんは、ぼくに〝彼〟を紹介してくれた。

「この人は、君と同じく広告業界で働いている有望な若者、山戸（やまと）くんだ」

〝彼〟はすっくと椅子を立ち上がり、こちらを向いて元気に挨拶してくれた。

「ホドホドの広告代理店、㈱アドアドの山戸たけるです！」

ぼくも名前を名乗って、軽く会釈した。

ショーンさんが説明してくれた。

「山戸くんも『プロデューサー製造所』の看板に惹《ひ》かれてやって来た、プロデューサー志望なんだ。今まで養田（ヨーダ）さんというメンターに就いていたんだけど、どうも今は離れているヨーダ」

ショーンさんが初めてダジャレを言ったぞ。やっぱり昭和生まれだね。

山戸さんは、「それでは、次回からよろしくお願いします！」と頭を下げると、意気揚々と出て行った。

「ショーンさん、〝彼〟とは、まだ話の途中だったんじゃないですか？　そうだったらすみません」

ショーンさんは、「いやいや」という手振りをしてこう言った。

「ちょうど、スーパープレミアムコースへの申し込みが終わったところだから」

ナニっ！　スーパープレミアムコースに申し込み？　あの年齢（ぼくと同い年くらい）

で？　超弱小広告代理店（ぼくも聞いたこと無い）なのに？　※アドアドさんすみません、個人の感想です

ぼくは心底驚いて、ショーンさんにおずおずと聞いてみた。

「あのー、そのスーパープレミアムコースなんですが、以前聞いた時に、確か月一回×六か月、百万円だったかと？」

ショーンさんは、事も無げに答えた。

「そうだよ」

「そうだよ」って簡単に言うけど、そんな金額、ぼくら若者には夢のまた夢なお金だよ〜。

ぼくは純粋な疑問をぶつけてみた。

「さっきの山戸さん、歳の頃はぼくとあんまり変わらない感じですけど、それでもスーパープレミアムコースを申し込んだんですか？」

「うん、そうだよ」

「うん、そうだよ」じゃないですよ！　もしそうだとしたら、彼は億万長者か資産家の息子か？

いぶかしげな顔をしているぼくに、ショーンさんが意外なことを言ってきた。

「あぁ、そうだった。君にはまだスーパープレミアムコースの特殊な価格設定のことを話

していなかったね」

特殊な価格設定？

ショーンさんが、1Qに指示する。

「スーパープレミアムコース、価格設定を教えてあげて」

その内容は、まさに〝特殊〟、驚きの価格設定だった！

驚きの価格設定

1Qのディスプレイ画面に示された価格設定を、ぼくは読み上げてみる。

「スーパープレミアムコース、月一回一・五時間×六か月、百万円……。ただし、六回の講習に参加し、最終テストに合格することで、九十パーセントOFF！」

ナニっ！　きちんと出席して試験をパスすれば九十パーセントOFF、つまり十万円になるってこと！

「おぉぉぉぉ！」。ぼくは驚きのあまり、大きな声を上げた。この価格設定は、熱心に学ばせることとコスパとの両立をスパイラル的に昇華させる素晴らしい名案ではないか！

ショーンさんは大いに感心しているぼくに、急に真剣な表情になって三度こう言った。

「君は、本物のプロデューサーになりたいんだろう？」

その言葉に、ぼくの背骨にビビビッと三度目の電流が走った。

ショーンさんは、１Ｑを示してこう言った。

「それでは、スーパープレミアムコースのボタンを押して」

１Ｑに示されたコースボタンを、ぼくは流れに任せてぽちっと押した。いつもの通り、パンパカパーンと音がして、１Ｑがこう言った。

「三度、お申し込み、まいどあり！」

でも次の言葉に、衝撃が走った。

「前金でお願いします！」

ええええええ！　前金って、もしかして百万円ってこと？

「悪いね、ウチのシステムなもので」

それまでの喜びとは一転、涙うるうるになっているぼくを見て、ショーンさんはくすくすと笑った。

「冗談、冗談。スーパープレミアムコースだけは、後金でいいよ」

「ほっ」としたぼくは、今回自分に降りかかってきたことを話した。

㈱アメミヤの案件で、見事、企画コンペを勝利したこと。

ショーンさんは、うむうむと満足そうに顎《あご》を撫《な》でた。

しかし、その後に〝圧〟がかかり、ぼくが出向となってしまうこと。

それを聞いたショーンさんは、今まで見せたことが無いような怖い顔になった。しばらくの静寂の後に、重苦しく口を開く。

「これじゃ〝左遷〟じゃないか。未《いま》だにこんなことが行われているとは」

それは、自分も経験したことがあるような口振りだった。

「それで出向先は、山梨県・甲府市のぼちぼちな広告代理店なんです。スーパープレミアムコースに参加したいんですが、毎月一回、東京に帰って来られるかどうかが心配なんです」

ショーンさんは、「対面で無くてもオンラインでもＯＫ」ということだったので、これまた「ほっ」。これで、無事スーパープレミアムコースに申し込める。

ぼくは、いつものように聞いてみた。

「スーパープレミアムコースは、いつ・どこで・何をやるんですか？」

答えも、いつも通りだった。

「君が良ければ、今・ここで、プレ講習のベーシックをやってもいいよ」

お！　まさに、今日、今から、スーパープレミアムコースの助走が始まるんだ。

ぼくは前回までのコースとは違い、「よし来い！」と武者震いして身構えた。

第3章

PRODUCE

プロデューサー製造所

スーパープレミアムコース［編］

プロデューサーの土台

スーパープレミアムコースのプレ講習・ベーシックは、このようにして突然始まった。

まずは、ショーンさんの質問から……。

「ベーシック、つまり、プロデューサーの〝土台〟から始めよう。君は、プロデューサーの〝土台〟ってなんだと思う?」

プロデューサーの〝土台〟……。ぼくは、身近なプロデューサーたちのことを思い出してみた。

まずは、宇津野プロデューサー。宇津野さんは、案件ごとに社内をはじめ社外の関係会社から有能なスタッフを集めて来て軍隊を結成、進軍ラッパを吹いて実施に突き進む感じだ。

「えーっと、プロデューサーの〝土台〟ですが、スタッフを集めてチームを作る〝組織力〟と、実現に向けて士気を鼓舞する〝推進力〟ですか?」

またまたまた、ぼくの答えは質問になっていた。

「なるほど、そういう力も必要だけど、大元の〝土台〟と言うのは、まさに〝土台〟。つまり、身体(Ｂｏｄｙ)なんだよ」

プロデューサーの〝土台〟は、身体（Ｂｏｄｙ）！

へぇ〜！　ぼくは全く予想していなかった答えに驚いた。

「良いプロデューサーの〝土台〟は、良い身体（Ｂｏｄｙ）なんだよ」

でも、その答えを聞いて、ぼくの頭に疑問が沸いてきた。ぼくの知っているプロデューサーさんたちは、みんな激務に追われ、寝食を忘れて仕事に没頭、そのせいか体調はぼろぼろ、病気がちな人も多い。※個人の感想です

特に、ウチの宇津野Ｐなんて、残業、徹夜、休日出勤なんてザラで、鬱《うつ》気味なのはすでに述べた通り。関係会社の制作プロデューサーさんたちも、宇津野Ｐに合わせているのか以下同文な感じで、休養・栄養をしっかり取って健康的なプロデューサーって、ほぼ皆無だ。※個人の感想です

「どうも、腑《ふ》に落ちていないようだね？」

「はい、ぼくの、いや私の知っているプロデューサーさんたちはとても有能な方が多いと思うのですが、一言で言って、〝不健康〟な感じなんです」

ショーンさんは静かに頷《うなず》くと、こんな話をしてくれた。

「君の周りのプロデューサーたちは、どうも本物では無いようだね」

〝本物〟では無い？　そう言われてみると、本物とは言い難いような？

プロデュース・テクノロジー

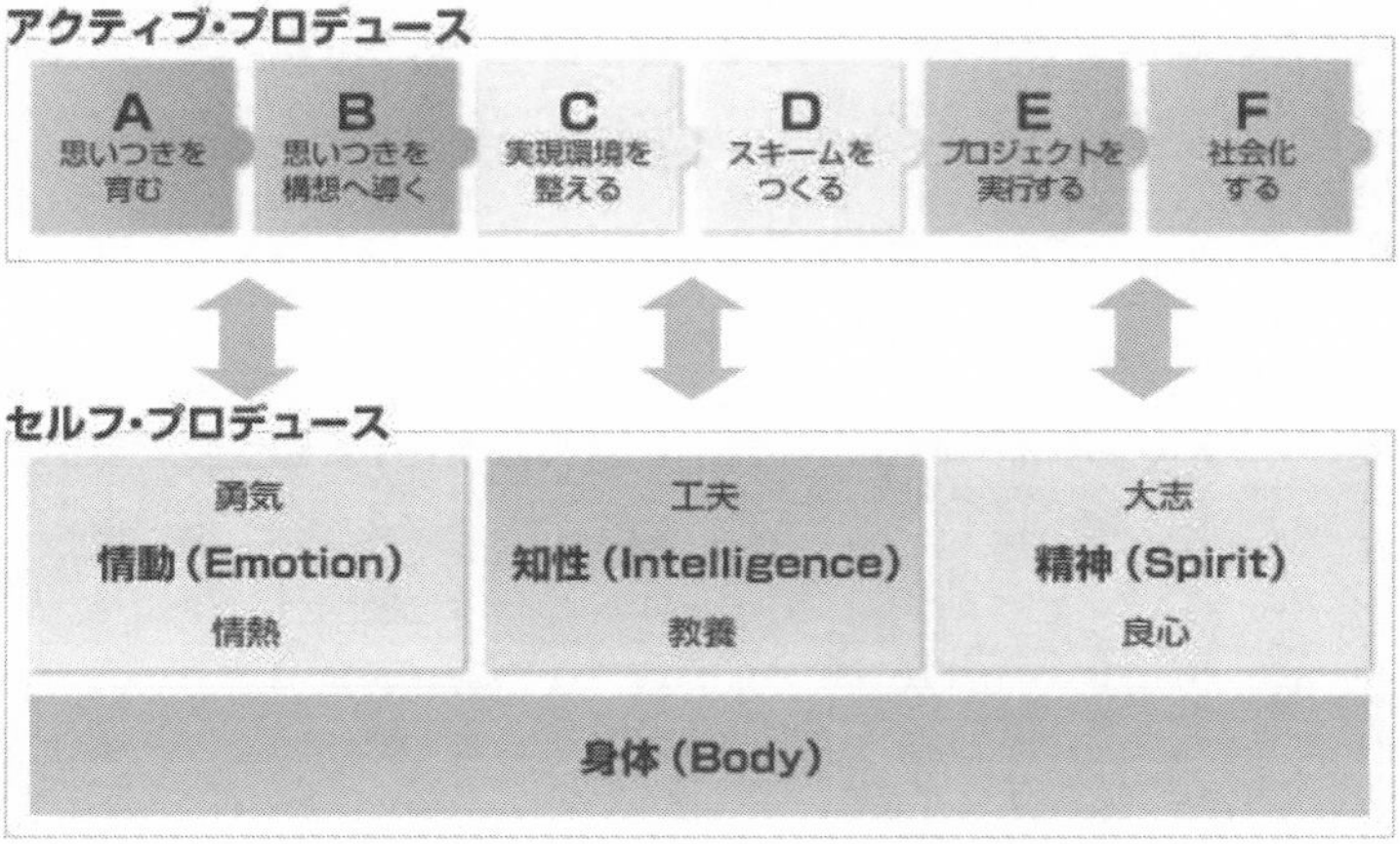

（出典：特定非営利活動法人プロデュース・テクノロジー開発センター）

「ですが、本物のプロデューサーってなんですか？」

するとショーンさんは1Qを操作して、なんやらの図を表示した。

「これが、**『プロデュース・テクノロジー』**だよ」

『プロデュース・テクノロジー』？　何やら聞き慣れない言葉が出てきたぞ。

「『プロデュース・テクノロジー』は、京都・同志社大学が二〇〇四年に文部科学省の現代的教育ニーズ取組支援プログラム、いわゆる現代GPの、テーマ：人材交流による産学連携教育で採択された○×△□○×……」

ショーンさんの話は小難しかったので要約すると、日本を代表するプロデューサーたち、四つのジャンル（ビジネス、ソーシャル、サイエンス、エンタテイメント）で約五十人にインタビューし、彼ら・彼女らに共通して存在する普遍的要素を抽出《ちゅうしゅつ》し、『プロデュース・テクノロジー』体系としてまとめたものだとか。

「つまり、〝本物〟のプロデューサーを分解し、解析するアプローチで、これをリバース・エンジニアリングと言う」

またまた聞き慣れない言葉……リバース・エンジニアリングって何？

1Qによると、「リバース・エンジニアリングとは、〝完成している製品を入手して、分解や解析などを行い、その動作原理や製造方法、設計や構造などを明らかにすること〟。例えば、海外の優れた製品を日本の企業が入手し、分解・解析して自社の製品開発に活かすアプローチだぞ」らしい。

なるほど、このアプローチ方法を、人間であるプロデューサーに応用したものなんだ。

「つまり、〝本物〟のプロデューサーは、何を大事にし、何を考え、何をしているか、その成り立ちと成功要因を整理しまとめた、日本初の研究なんだ」

ショーンさんは、この理論を信頼して、自身のプロデューサー育成の参考にしているとのこと。

「この研究で注目すべきことの一つに、プロデュースという行為には、大きく二つの側面があるということ。一つは、君がさっき言ったような組織化や実行と言ったアクティブなプロデュース。もう一つが、自分自身のセルフ・プロデュースだ。詳しくは、次回以降も説明するけど、この図を見るとわかるように、本物のプロデューサーのまさに〝土台〟に当たる部分に身体（Ｂｏｄｙ）があるのがわかるだろう？」

確かに、プロデュース行為の一番下、つまり〝土台〟は、がっつり身体（Ｂｏｄｙ）となっていた。

「〝本物〟のプロデューサーたちが自身の〝土台〟だと証言したこと、それが、セルフ・プロデュースとしての良い身体づくり、健康づくりと言うことだったんだよ」

ぼくがイメージするセルフ・プロデュースって、自分を恰好良く魅せるファッションとか、聞く者を魅了するプレゼンのスタイルとかだと思っていた。またまた浅はかでした……。セルフ・プロデュースって、まさにプロデュース能力を最大に発揮するための身体・健康づくりであることに気が付かされた。

こうしてみると、宇津野Ｐはじめとするプロデューサーさんたちは、そこに気が付いていないということで、〝本物〟では無いんだな〜。

「わかりました。ぼく、いや私が今まで見てきたプロデューサーさんたちは反面教師として捉え、自分自身は、健やかな身体づくりに気を付けます」

「そうだね、良い身体、良い体調でないと、冷静で正確でニュートラルな判断ができなくなるからね」

「〝土台〟は身体。ここまでは良くわかりました。この図を見ると、その上で、心のセルフ・プロデュースが成立するんですね？」

「さすが、スーパープレミアムコースまで進んで来る人は理解が早いなぁ」

ショーンさんが機嫌良く軽口を叩く。

心のセルフ・プロデュースには、段階によって、情動（Emotion）→知性（Intelligence）→精神（Spirit）の発動が必要になってくる。プロデュースの初めの頃は「どうしてもこれをやりたい！」と言う熱い思い（情動）が、制作の準備する際には冷静な知識による周囲の説得（知性）が、実行段階には「どうしてもやりきる！」と言う強靭《きょうじん》な決意（精神）が求められる。

本物のプロデューサーは、段階に合わせてそれらの感情をセルフ・プロデュースしながら、大きなコトを成し遂げてゆくんだ。

プロデューサーの心身両面のセルフ・プロデュースが、プレ講習・ベーシックの内容だった。本物のプロデューサーをリバース・エンジニアリングしたこの理論をベースに、自分自身の成長に活かしていきたい！　そう決意させるに十分な内容だった。

プレ講習の最後に、ショーンさんからこんな話が出た。

「君は来月から山梨県に行くんだよね。初めての環境に入ると、人はつい様子を見ようと遠慮する。または、このくらいで良さそうだとか楽な判断をする。君が一生スタッフ志望ならそれでもいいけど、プロデューサー志望ならそれじゃダメ。口を開けて仕事を待つのがスタッフ、そのスタッフたちに仕事を創って与えるのがプロデューサー」

なるほど、初めての山梨県へ一人で出向することで心も身体も委縮していたけど、勇気が出てきたぞ！

そして、ショーンさんは、とてもいいメッセージを贈ってくれた。

「山梨県と言えば、まず富士山だ。そこで、私の愛読書である吉川英治の『宮本武蔵』から、こんな言葉を贈ろう」

あれになろう、
これになろうと焦るより、
富士のように、黙って、
自分を動かないものに
作り上げろ。

世間に媚びずに
世間から仰がれるようになれば、
自然と自分の値うちは
世の人がきめてくれる。

うん、とてもいい言葉だ。若き日の剣豪＝宮本武蔵も、いつか富士山のようになろうとあがいていたんだね。今のぼくには勇気百倍の言葉だ！

帰り際、ぼくの背中に１Ｑが大きな声を掛けてきた。

「大ピンチは大チャンスだ！」

名将 武田信玄の地、山梨県へ、イザ出陣！

初出勤

今日は六月十五日の朝、そう、ぼくの山梨県への出向初日の日。

出向先の会社、甲斐エンタープライズ㈱は、山梨県の県庁所在地、ＪＲ甲府市駅前の平和通りにある。昨日、会社の寮アパートに入ったぼくは、薄雲に覆《おお》われた朝九時半、徒歩で七分ほどの会社へ出勤した。

小さなビジネスビルの三階フロア全部が、甲斐エンタープライズ㈱だった。Enterprise（大がかりな事業）という社名とはうらはらに、社員十五人ほどの中小企業だ。

ドアを開けて中を覗《のぞ》くと、まだ出社の社員は少ないようだ。すぐ近くにいた、床を掃除している中肉中背のおじさんに声を掛けてみた。

「あの～、武田社長はいらっしゃいますでしょうか？」

はたして、その男性が武田社長だった！

「ワシが武田だが。もしかして、可部くん？　はぁ、よう来たな」

なんだか陽気な方で、良かった良かった。

社長デスクまで連れて行かれて、名刺をもらった。そこには、代表取締役社長　武田真剣（たけだ・しんけん）の文字が。

それを見たぼくは、思わず「ぷっ」と吹き出しそうになったけど、なんとか留めた。だって、山梨県の名将＝武田信玄そっくりな名前なんだもん。

「実はワシ、武田信玄公の……」

武田信玄公の末裔《まつえい》とか？

「武田信玄公の、生家の隣町で生まれたんだぞ」

生家の、と、隣町？　なんだ、赤の他人じゃん。

「だけど、ワシは真剣だぞ」

そう言って、武田社長は屈託もなく笑った。良い人そうで、良かった良かった。

社長デスクの近くにいた女性社員を手招きし、ぼくに紹介してくれた。

「ウチの影の実力者、白井雪乃（しろい・ゆきの）主任だぞ」

白井さん！　まさか、㈱ホワイト・エージェンシーの白井社長の娘さん？

彼女は、三十代の年頃、顔色は、雪のように白く……。

「今日からお世話になります、可部厚志です」

そう挨拶すると、白井さんは、軽く微笑《ほほえ》んで、幽霊《ゆうれい》のように細い身体をゆらゆらと揺らした。

「白井さんは、君のバディだぞ。なんでも教えてもらえ」

武田社長はそう言って、ぼくら二人を見比べていた。どうも、㈱ホワイト・エージェンシーの白井社長の影を感じるな〜。

白井さんの隣のデスクを与えられ、電話やノートパソコンのセッティングをしていると、白井さんのデスクの電話が鳴った。

電話の相手は、どうも山梨県庁の観光振興課の人からみたい。しかし、緊急事態みたいで、白井さんも緊張感ある対応をしている。

「はい、すぐさま、お伺いさせていただきます」

そう言って、白井さんは電話を切った。振り向きざま、ぼくの方を見てこう言った。

「可部くん、緊急出動！」

え！　初出社してまだ十分も経ってないよ！

ぼくの初日は、怒涛《どとう》の幕開けとなった。

緊急出動

ぼくは取るものも取り合えず、白井さんの後を追う。行先は、今電話があった山梨県庁の観光振興課で間違い無い。

山梨県庁舎は、甲斐エンタープライズ㈱と、大通りを挟んで斜めトイメンの近さ。山梨県内で、山梨県庁の広告案件が最大案件であることを考えると、何かあった時にすぐ駆け付けられる距離に会社を設けるというのは、営業戦略的にも大正解なんだろうな。

県庁舎は昭和初期に建てられた、石造りの重厚な建物。初めて訪れるぼくは、その圧力に臆《おく》しそうだけど、白井さんはいつも通っているのか、スタスタと入ってゆく。

観光振興課に着くと、もうすでに担当課長は応接室にいるとのこと。ぼくらもすぐに入室した。

迎え入れてくれたのは、観光振興課の藤房枝（ふじ・ふさえ）課長、知的なマダム風な方で、ぼくらを「ささ」と急ぎ椅子に座らせると、ピシャっとドアを締め切った。どうも機密性の高い話が出てきそうだ。

白井さんが冒頭ぼくを紹介してくれたけど、それが終わるのを待つことなく、藤課長が話を始めた。

「白井さん、私、もう本当に困っちゃって……」

白井さんが言う。

「藤さん、今回は本当に大変そうですね」

白井さんは付き合いが長いのだろう、藤課長のことを、藤さんと呼んだ。ふじさん（富士山）とは、山梨県の観光の担当の方としては、ぴったしの名前だね。

「そうなのよ、来月に控えた山梨県知事の秋の観光プロモーションの記者会見の準備が大詰めなのに、あの会社がトラブルを起こしちゃって……」

二人の話からすると、山梨県の今年の秋の観光プロモーション企画コンペで、甲斐エンタープライズ㈱も参加したけど、藤さんの上の観光部の部長が一推しした県のローカルケーブルテレビ局、㈱テレビＹＹ（ワイワイ）が勝利に。その企画担当者の大舞賀豪（おおまいが・ごう）氏が、社内で〝ハラハラ〟を起こしたらしい。〝ハラハラ〟って初めて聞いたけど、スマートフォンで検索してみたところ、ハラスメント・ハラスメントのことらしい。つまり、部下が上司に対して、「今の言動はハラスメントです！」となんでもかんでも指摘する、つまり、〝逆パワハラ〟みたいなことだろう。

㈱テレビＹＹ内での〝ハラハラ〟トラブルが山梨県庁にも漏《も》れ聞こえてきて、こういうモラルの低い会社を起用するのはいかがなものか、ハラハラすると言う意見が出てきて、今日、急遽《きゅうきょ》契約破棄となってしまったようだ。

「と言うことで、甲斐エンプラ（略称）さん、いや、白井さんにぜひ引き受けて欲しいのよ」

……と言うことだった。今回は緊急事態と言うことで、指名入札による企画コンペは行わず、山梨県案件で実績十分の甲斐エンプラと随意契約を行うつもり、とのことで、ぜひ受注したいところだけど……問題は、来月の知事の記者会見までに新たな観光プロモーション企画を立案できるかということだ。

「細かなところまではまだいいの。知事が大きな《コンセプト》を発表できればいいの」

出た！　ここでも大切なのは《コンセプト》！

白井さんは、予想していたとはいえ、事の重大さに、白い顔をさらに白くしている。でも、これだけ頼りにされているんだ、クライアントが困っているんだ、そう思ったのか、小さくガッツポーズをして見せた。

「白井さん、ありがとう！　助かるわ〜」

そう言うと、藤さんは、テーブルの下から㈱テレビＹＹが勝った企画書を取り出して説明を始めた。ぼくも興味津々《しんしん》で覗《のぞ》き込む。

企画コンペでの提案は、今、山梨県への来訪客として弱い東京圏からの若者を、秋に河口湖で音楽フェスを開催して呼び込もうというものだった。

イベントタイトルは、『推し推しフェスin山梨』。東京圏の若いアイドル大好き女子に対して、〝推し活〟としての遠征参加を訴求するイベント企画だ。この様子を、ローカルケーブルテレビ番組として放送するということで、まぁまぁ悪く無いと思えた。

しかし、藤さんの考えは違った。

「新しい未開拓のターゲットを狙うのは悪く無い。でも、ＪＲ河口湖駅にたくさんのアイドル大好き女子が押し寄せると思うと、ちょっとイメージと違うのよね」

確かに、紅葉に染まる風情《ふぜい》ある川口湖畔が、突然、池袋の乙女ロードのようになってしまうような？　※池袋のみなさんすみません、個人の感想です

「そして、イベントが終わると、また何事も無かったかのように元通りになっちゃうのも

どうかしらね」

それも確かに。せっかく大きなお金をかけて行う観光プロモーション、何か一過性で無いことができないだろうか？　ぼくは、藤さんの話から《コンセプト》つまりそこから命を宿して成長してゆくような言葉を、《プロデュース》つまり前に導き出そうと、意識を研《と》ぎ澄ました。

現場が命

藤さんとの密談？　を終え、ぼくと白井さんとは会社に戻った。

白井さんは、早速武田社長に事の顛末《てんまつ》を伝えている。武田社長はびっくり仰天《ぎょうてん》していたけど、まさに〝棚から牡丹餅《ぼたもち》〟、イレギュラーとはいえ、企画コンペを最終的に勝ち取ったとも言える訳で、「大変だけど、頑張るんだぞ」と声を掛けていた。

知事発表まであと数週間、一刻一秒を争う状況で、白井さんはガムシャラに企画作業に取り掛かった……のでは無かった。

それからの白井さんの行動、それは……。

「ドライブに行きましょう」

そう、ぼくと一緒に、イベント予定会場である河口湖までドライブしようというものだった。もちろん、ぼくも、営業の心得その一、〝現場が命〟だと思っているので、望むところだ。

白井さんが運転する社用車、ドアに大きく「人は石垣・人は城　甲斐エンタープライズ㈱」と書かれたワンボックスカーに乗り込み、イザ河口湖へ！

手慣れた道だからか、白井さんは飛ばす飛ばす飛ばす！　時折、後ろに積んである脚立《きゃたつ》がバンバン飛び跳ねてガシャンガシャンと大きく音を立てた。

ドライブ中、せっかくの機会なので、白井さんと話をしてみた。

「白井さんは、ホワイト・エージェンシーの白井社長の娘さんですよね？」

白井さんは、チラっとこちらを見て、素直に頷《うなず》いた。

「あの、良ければ、どんな経緯でコチラにいるのか、教えてもらえませんか？」

白井さんは何も隠すことは無いとばかりに、あっさりと話を始めた。

白井さんは、最初は父親の経営する㈱ホワイト・エージェンシーに入社して、イラストレーターとして働いていたとのこと。でも、都会の空気に合わずに肺を病んで退職、でも広告の仕事がやりたいということで、白井社長と懇意にしている甲斐エンタープライズ㈱で採っていただいたようだ。山梨県なら空気もいいし、のんびりできるし、身体にもいい。

そんな経緯で、今日に至っているとのことだった。

確かに、東京に比べて、山梨県の空気は抜群に美味《うま》い。萌え出る新緑に生命力を感じる。こんなに素晴らしい環境を、東京圏の人にも知らせたいものだね。

そんなことを思っていると、山の天気のせいなのか急に晴れ間が広がり、目の前に圧倒的に巨大な富士山が見えてきたぞ！　その下には、富士山を逆さに映す河口湖だ。河口湖は、真昼の陽光を受けて、水面がキラキラと輝いていた。

生まれて初めて間近に見た富士山、そして初めて訪れた河口湖の美しさに圧倒されて、ぼくは息を呑《の》んだ。

湖の形に沿った道路を走りながら、湖面のボートを見たり林道の合間から見える山荘のような建物を見たり……そんなリゾート地特有の景色に感銘して白井さんに語りかけた。

「素晴らしいですね。観光地として、リゾート地として発展しているんでしょう？」

しかし、白井さんの答えはちょっと意外なものだった。

「一見ね。でも、この辺りの住宅には、空き家も増えてきてるのよ」

ん？　空き家が増えている？

「観光客自体も高齢化が進んでいるんだけど、この辺りに住んでいた人も高齢化が進んでいて、もっと便利な町の方に移ったり、高齢者施設に入ったりして、空き家にしている人、手放す人も多いと聞いてるわよ」

なるほど。少子高齢化はこんなところにも影響があるんだ。

「観光客の高齢化に対抗して、東京圏から若者を呼んで来る……。㈱テレビＹの今の企画は妥当なように思えるんだけど……」

うーん、ぼくも何かしっくりこない、何か他のアプローチは無いものか？

しばらくすると、河口湖畔のイベント予定地らしき場所に着いたようだ。湖続きの広い芝生広場で、石碑《せきひ》には『ひろびろひろば』と書いてある。あぁ、ここで一日寝っ転がって波の音を聴いたり、森の匂いを嗅《か》いだりしたら気持ちいいだろうなぁ。

広場近くの駐車場に車を駐め、今、若者世代に静かな人気の昭和レトロな佇《たたず》まいの喫茶店に入った。店名も昭和な『茶房留（さぼ〜る）』だ。けしてさぼるわけじゃないよ。ぼくが頼んだのは、これまた昭和テイストな写真映えするクリソ（クリームソーダ）でほっと一息。白井さんは、こんぶ茶って、渋っ！

開いた窓からは、すぐ目の前に河口湖がある。なんて豊かなんだろう……東京にいたら、こんな癒《いや》しを感じることは難しいよね。

白井さんは身体の健康のためを思って山梨県で働くことにした、河口湖周辺の住宅に空き家が増えている、昭和テイストな喫茶店でほっとひと時、湖畔にいると水を風を森を感じる……。

ぼくは、会社を出てからのことを思い起こしながら、新たなプロモーション企画のヒントを掴もうとしていた。

時刻は、そろそろ午後四時くらい。少しだけ斜めになった太陽の光で、湖面がよりきれいに輝いていた。

決意の〝一択〟

スーパープレミアムコースの正式な第一回目講習の日がやって来た。

山梨県案件を白井さんと二人で担当していて、てんやわんやの日々。やはり、東京にある『プロデューサー製造所』に行くことは難しい。そこで、ショーンさんに対面で会いたかったけど、オンライン講習にさせてもらった。

仕事休みの日曜の朝十時。ぼくは、熱々のカフェオレを用意してノートパソコンの前に座った。

1Qのあのパンパカパーンの音と共に、「初めまして、おはよう!」の声が。

いやいやいやいやいや、〝初めて〟じゃ無いし。webカメラが繋《つな》がって、久しぶりにショーンさんの顔を見られて嬉しかったので、まぁいいか。

「カベアツシプロデューサー、おはよう!」

ぼくは、挨拶もそこそこに、山梨県に行ったとたんに起こった、怒涛《どとう》の出来事について報告した。

「この山梨県観光プロモーションの案件、なんとかぼくがプロデュースできるように頑張ってみます」

そう言った時、ショーンさんのブルー縁の眼鏡がキラリと光った。

「なんとか……できるか……頑張ってみる？」

何かマズイことを言っちゃったのか？　ぼくは、ごくりと息を呑《の》んだ。

ショーンさんの講習は、朝一番からとても厳しい。

「プロデューサーの思考回路の特徴は、〝**一択主義**〟なんだ」

〝一択主義〟？　初めて聞いたぞ。

「普通の人は、何かをやるときに三つくらいの選択肢、つまり三択を用意するよね。まずは、〝やる〟、〝やらない〟、もしくは迷っていたら〝どうする？〟って」

うん、ぼくも全くそうだ。

「また、何かに挑戦する時にも、〝できる〟、〝できない〟、もしくは〝どうしたい？〟って」

うんうん、ぼくも全くそうだ。

「プロデューサーが何かをやる時には、〝できる（やる）！〟の一択しか無いんだよ」

〝できる（やる）！〟の一択！

「会社に行くため朝起きる時に、あ〜あ眠いなぁ、もうちょっと寝ようとか、今日は仮《け》病《びょう》を使って休んじゃおうかとか、いろいろな選択肢を用意して、悶々と悩むことは無いかい？」

ありますあります……もちろんです。

「これって、会社には行かなくちゃいけないから結局起きることになる訳で、悩んだ間は時間のムダ。でも、一流のプロデューサーは、〝できる（やる）！〟の一択しか無いから、全く時間のムダも無くブレも無いんだよ。もちろん、絶対できる（やる）！　と決めてもできないこともあるさ、でも、そうなるかもしれないけど、まずは〝できる（やる）〟の一択からスタートするんだ」

そうか、事業の総責任者であるプロデューサーが、「どうしよう、できるか・できないか……」なんて悩んだり迷ったりしていたら、付いて行くオールスタッフもまた不安になるよね。軸はブレちゃいけないんだ。

「すみません、先ほどの発言は撤回します。やはり、プロデューサーたる者、決意を持って臨まないといけないんですね」

ぼくは、ずうずうしくショーンさんに聞いてみた。

「あの～、一択主義のような強い精神に、どうやったらなれるんですか？」

「それは、普段から小さな訓練をすればいいんだ」

ショーンさんの話では、毎日の小さなこと、例えば、今日は朝○時に起きると決めたら、〝起きようか〟〝止めようか〟と悩んだり迷ったりせずにスパっと起きる。会社で毎日○時までにその日一日の報告書を提出することと決められていたら、〝やろうか〟〝やるまいか〟と悩んだり迷ったりせずにチャンと提出する。そんなクセというか習慣（ハビット）を、当たり前のこととして身に付かせてゆく訓練をするのだと。

「私の家族にゴールデン・レトリバーの金太郎がいるけど、毎朝散歩に行くと決めたら、雨でも風でも、極端に言えば台風でも行く。まぁ、その時は短い時間だけどね」

ショーンさんは、スマートフォンを取り出し、待ち受け画面の金太郎の写真を自慢げに見せてくれた。

「このビルはペット不可なんで、金太郎を連れて出勤できないのが残念なんだ」

ショーンさんが大の犬好きだということがわかった。いやいや、そんなことより、プロデューサーとしての大事なマインドをまた一つ教えてもらったぞ。

「今回の山梨県の観光プロモーション企画は、一択、ぼくがプロデュースする！」

バックキャスティング思考

「ついでにもう一つ、特徴的なプロデューサーの思考回路を紹介しよう」

お！　スーパープレミアムコース第一回目講習は、最初からフルスロットルだ。

「一択主義を自分のものにできれば、どんな『できない？』ということも、『できる！』と考えることができる。そうしてプロデューサーは、〝実現ありき〟でものごとを進めてゆく。ただ、本当にスゴいプロジェクトの場合は、そうそう簡単では無い。そこで、**〝バックキャスティング思考〟**を使うんだ」

ん？　またまた新しいワードが登場してきたぞ？

「〝バックキャスティング思考〟って何？」

ぼくは、手慣れて1Qに聞く……。

「バックキャスティング思考とは、スウェーデンの環境NGOであるナチュラルステップが提唱した考え方。まずは、フォーキャスティング（forecasting）、fore『前方』+cast『投げる』＝『前方に向かって視線を投げること』、これは、現状に立脚して未来を考えるアプローチ。それに対して、バックキャスティング（backcasting）、『後方に向かって視線を投げること』、これは、目的地から振り返って現在地を見るアプローチだぞ」

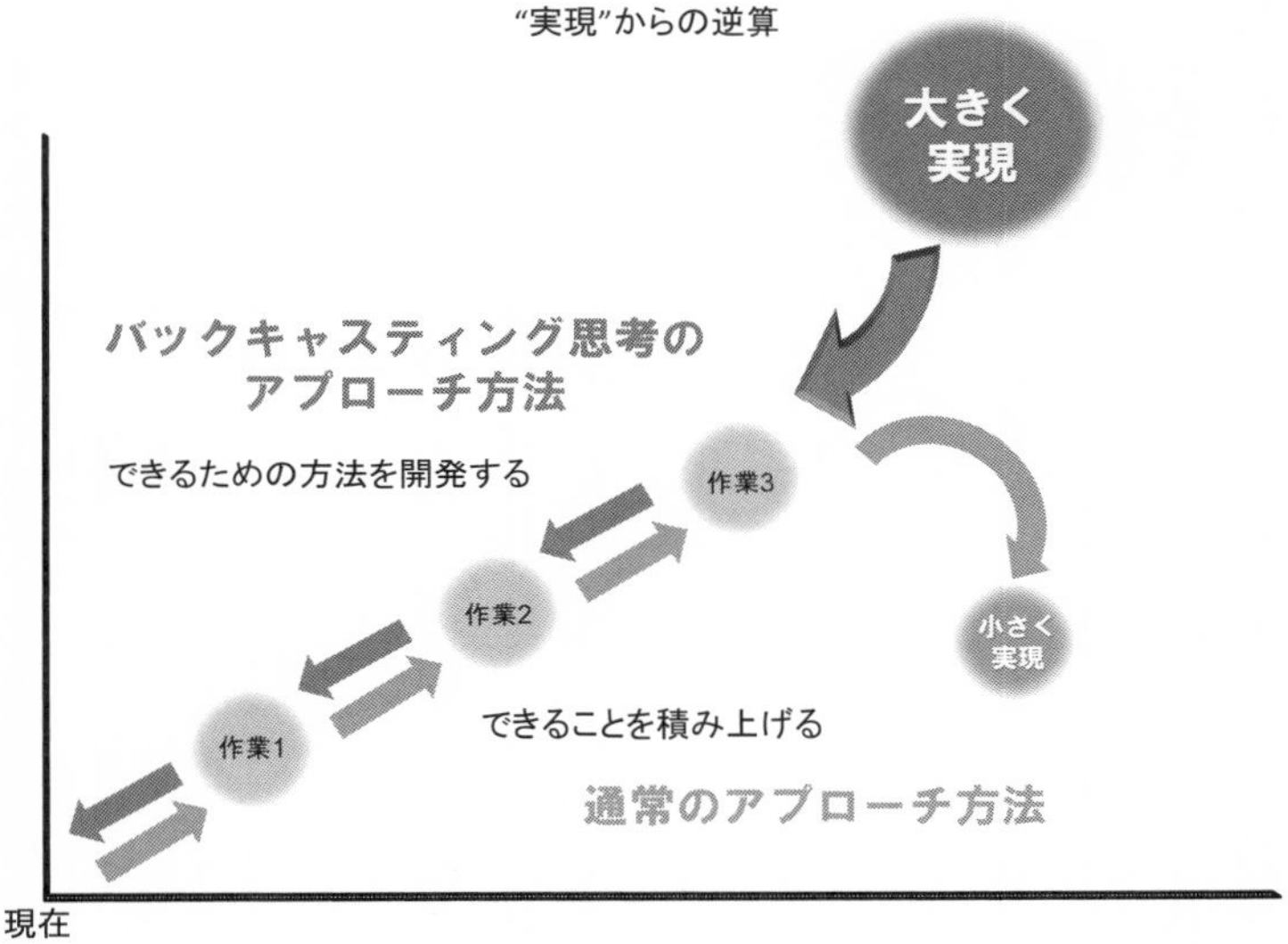

ショーンさんが解説を加えてくれる。

「普通の人は、フォーキャスティング、過去の自分の経験を思い出し、今の自分ならどんなことができるかを考えるもんだ。でも、この考え方では、自分のできること↓できること↓できることと作業を積み上げてゆくことになり、そうするとその先には〝しょぼい〟ゴールしか実現できないんだよ」

確かに！　自分の経験値や能力から、「できることはこんなところだろう」と得心してコトに当たれば、自分の想像の範囲内、いやそれ以下の結果しか得られないことは理解できる。

「それに対して、プロデューサーは、バックキャスティング、まず、今まで見たすることも無い〝大きな〟ゴールを掲げる。そのあるべき姿から現在に目を向け、それを実現するためにはどんな作業が必要かを分解して考えてゆくんだ」

なるほど！　今の自分の力では到底無理……と思えるような〝大きな〟ゴールを掲げることで、自分自身を追い込み、自分の中の隠れたポテンシャルを最大に引き出そうということなんだ。

「ビジネス界でメンターとして知られる福島正伸氏は、『できる！』と思った人はできる方法を探す。『できない？』と思った人はできない理由を探す、と言っているよ」

プロデューサーは、絶対実現するという〝大きな〟ゴールを掲げる（一択主義）ことで、一般的に「できない？」と思えるようなコトを「できる！」に変える（バックキャスティング思考）を持っているんだ！

「驚きと感動・非日常を創る仕事＝広告、広報、映像、イベント制作。常に、『新しいコト』『すごいコト』『まだ見ぬコト』『まだ誰もやったことがないコト』……が求められる。不可能を可能に。『やっぱりできない？』を『こうすればできる！』に。結局、スゴ腕のプロデューサーは、〝絶対やる〟んだよ」

またまた、プロデューサーとしての大事なマインドを教えてもらったぞ。

「今回の山梨県の観光プロモーション企画は、ぼくが〝絶対やる〟！」

こんな濃密なオープニングから、スーパープレミアムコースの第一回目講習は始まった。

プロデュース行為

前回のベーシックでは、プロデューサーの〝土台〟であるセルフ・プロデュースについての話だった。今日からは、本論であるアクティブ・プロデュースについてだ。

アクティブ・プロデュースとは、前回聞いたように、日本を代表するプロデューサーたち、四つのジャンル（ビジネス、ソーシャル、サイエンス、エンタテイメント）で約五十人にインタビューし、プロデュース行為として共通して存在するプロセス要素を抽出し、普遍的なものとしてまとめた、日本初の研究だとか。ううむ、こんな貴重な研究があったんだね。

１Ｑが、もったいぶって、大きく図を映し出した。

「これが、プロデュース行為の全貌だぞ！」

「これが、プロデュース行為の全貌か！」

そのプロデュース・テクノロジー・チャートによると、アクティブ・プロデュースは、まず大きく、思考段階→準備段階→実行段階の三つがある。それらが二つずつ分類され、六つのフェーズで表現されている。

プロデュース・テクノロジー・チャート

	思考段階		準備段階		実行段階	
	1人	1人(+パートナー)	1人→少数	少数→必要数	必要数	必要数
	A 思いつきを育む	B 思いつきを構想へと導く	C 実現環境を整える	D スキームをつくる	E プロジェクトを実行する	F 社会化する
アクティブプロデュース	**A-1思いつきを育む培養地をつくる** ①好奇心を持ち続ける ②多様な体験をする ③やりたいこと、得意なことを大事にする	**B-1思いつきを熟慮して決断する** ①自分がやりたいことを再確認する ②ゴールイメージをしっかり持つ ③プロデュースすることを自分で決断する	**C-1ストーリーを語り構想を広める** ①誰に語るかを決める ②ストーリーテリングをする ③フィードバックを活かす	**D-1構想から実行計画を立てる** ①具体的な達成点を設定する ②タスクを明確にする ③タスクと時間軸で計画を立てる	**E-1ディレクションする** ①目的と方向性を示す ②具体的な指示を出す ③信頼して任せる	**F-1成果に結びつける** ①プロモーション戦略を立てる ②世に出す活動をする ③社会の支持を取りつける
	A-2思いつきの種子を見つける ①世の中の動きにアンテナを張る ②問題意識を持つ ③スキマを見つけようとする	**B-2思いつきを明示的な構想にする** ①具体的な目的をつくる ②明確な理念をつくる ③ラフなストーリーをつくる	**C-2仲間をつくる** ①信頼できるパートナーをつくる ②協働できる仲間をつくる ③外部支援者とのネットワークをつくる	**D-2実行シミュレーションをする** ①財務シミュレーションを行う ②リスクを想定して解決方法を探る ③フィールドを見極める	**E-2マネジメントする** ①クオリティを管理する ②時間・コスト・リスクを管理する ③人を管理する	**F-2継続性を考える** ①成果の発展を図る ②継続するための仕組みをつくる
	A-3実現につながるきっかけを意識する ①早耳になる ②環境が整うのを待つ ③チャンスを見極める	**B-3魅力あるストーリーに練り上げる** ①シンボルをつくる ②大義名分を持つ ③夢のあるものにする	**C-3イニシャルリソース(初期の資源)を調達する** ①モノを調達する ②資金を調達する ③情報を調達する	**D-3実行組織をつくる** ①役割を明確にしてキャスティングする ②構成メンバーの利益を考える ③機能的な組織を創り出す	**E-3トラブルを乗り越え仕上げる** ①トラブルに対処しチャンスに変える ②必要に応じて軌道修正をする ③世に出せる状態にする	**F-3新たな創造につなげる** ①評価・分析しノウハウを蓄積する ②新しいプロデュースに挑戦する
セルフプロデュース	勇 気		工 夫		大 志	
	情動(Emotion)		知性(Intelligence)		精神(Spirit)	
	情 熱		教 養		良 心	
	身 体					

（出典：特定非営利活動法人プロデュース・テクノロジー開発センター『プロデュース・テクノロジー』創刊号、2009年）

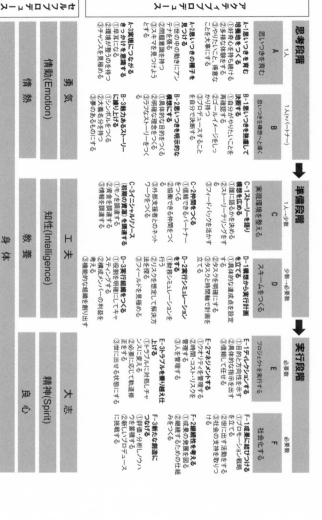

・思考段階
A 思いつきを育む
B 思いつきを構想へと導く
・準備段階
C 実現環境を整える
D スキームをつくる
・実行段階
E プロジェクトを実行する
F 社会化する

更に六つのフェーズは、三つのプロセスに分解されていて、更にこれらのプロセスは、二つから三つの要素に分解されている。各フェーズに中項目、小項目を設定（五十二要素）し、緻密な体系化を完成させていた。

まさに、プロデューサーが何を考え、何をしているかが真っ裸にされている、まさにプロデューサーの行っているプロデュース行為を、リバース・エンジニアリングしているものなんだ。

「どうだ、スゴイだろう！」

1Qの誇らしげな声が響く。つか、お前が研究したんじゃ無いだろう！

ショーンさんは、「このチャートがあることで、プロジェクトの実現を〝バックキャスト〟する作業が、すごくイメージしやすくなる」と強調した。

なるほど、主義・思考というメンタルな部分はなかなか理解が難しいけど、このようなチャートがあれば、知識・技術として理解することができそうだ。

こんな貴重な研究内容を、これから学んでいけるんだ……日曜の朝から、ぼくのテンションはスーパーハイ！

思いつきの種子

「スーパープレミアムコースは、これらの六つのフェーズの段階を一つずつ学んで昇ってゆく。今日は、一つ目の思考段階から、Ａ思いつきを育むについて考えてみよう」

Ａ思いつきを育むも、三つのプロセスに分解されていた。

・思考段階

Ａ 思いつきを育む
Ａ－１ 思いつきを育む培養地をつくる
Ａ－２ 思いつきの種子を見つける
Ａ－３ 実現につながるきっかけを意識する

「〝**思いつきの種子を見つける**〟……これこそが、プロデューサーの第一歩となるものだ」

プロデューサーと言う者は、どうも他人が考えた企画をやらされるとか、他所から持ち込まれた案件をホイホイと受けたく無いとか。確かにぼくも、他人の企画した案件を担当しろと言われてもちょっと嫌かも？　そのくらい、オリジナル性にこだわるものなんだ。であれば、そう、自分自身で企画や事業を生み出し、自分の案件として責任を持って＆先頭に立って走りたいものだ。

「そうだろう？　そこで、〝思いつきの種子〟、つまり、独自の種を見つけることが大切になるんだ」

ここで、ショーンさんは具体的な話を始めてくれた。

「プロデューサーが活躍する分野は実に広範囲だけど、社会におけるプロデュース行為は、四つの分野に大別できる。一つは、ビジネス・プロデュース、二つ目は、サイエンス・プロデュース、三つ目は、エンタテイメント・プロデュース、そして四つ目は、ソーシャル・プロデュースだ」

なるほど、何回か聞いた四つの分野だけど、ビジネス（経済分野）と、サイエンス（科学分野）と、エンタテイメント（娯楽やイベント分野）と……ここまでは良くわかるけど、最後のソーシャルって……社会分野？

「ソーシャル・プロデュースって、どういうものですか？」

「現代の社会は極めて不確実な時代に突入している。これからの社会の【課題】は、これまでの考え方だけでは解決が困難になる。みんなが、〝もっと、こうなればいいのに……〟という想いをカタチにするために、社会的に価値のあることをプロデュースし、社会の【課題】を解決することを、ソーシャル・プロデュースって言うんだ」

ほう、社会の【課題】を解決するプロデュースか、なんだか正義の味方みたいでカッコイイ！

ここでショーンさんは、具体的な例を挙げてくれた。

「『隣人祭り』って言葉は聞いたことがあるかい？」

『隣人祭り』？　隣の人との祭り？　もちろんぼくは知らなかった。

「発祥の地はフランス、パリのアパルトマンで、一人暮らしの女性が人知れず孤独死して一か月後……パリ市の助役アタナーズ・ペリファン氏が駆けつけると、部屋には老女の変わり果てた姿があった。同じ階に住む住民に話を聞くと、『このところ、一度も姿を見かけたことがなかった』と答えたそうだ」

パリのアパートで、おばぁちゃんは一人寂しく亡くなっていたのか。

「ペリファン氏は、もう少し住民の間に触れ合いがあれば、事態を早く発見することができて悲劇は起こらなかったのではないかと、自らNPO法人を立ち上げ、一九九九年、『隣人祭り』を人々に呼び掛けたんだ」

ショーンさんは1Qに、「詳しく教えてあげて」と指示した。1Qが、画面に詳細を映し出し、読み上げてくれた。

『隣人祭り』は、現在ではヨーロッパ二十九か国八百万人が参加する市民運動となり、二〇〇八年には日本でも初めての『隣人祭り』が東京・新宿で開催されている。日本支部は、『隣人祭り』フランス本部から正式認可を得て、二〇〇八年六月に非営利活動団体として発足した。

『隣人祭り』の四ステップ

一、人と出会い、知り合う。親しくなる

二、近隣同士、ちょっとした助け合いをする（パンやバターの貸し借り）

三、相互扶助の関係をつくる

（子供が急に病気になったが仕事で休めない時、預かってもらう環境づくり）

四、より長期的な視野で相互扶助をする

（複数の住民で協力し、近所のホームレスや病人の面倒を見る）

つまり、『隣人祭り』のキーワードは、〝助け合い〟、〝相互扶助〟……。

1Qの最後の言葉が胸に残る。『隣人祭り』のキーワードは、〝助け合い〟、〝相互扶助〟か。

感銘を受けているぼくに、ショーンさんが優しく声を掛ける。

「ペリファン氏は、まさに社会の【課題】を解決しようとしたソーシャル・プロデューサーと言っていいんじゃないかな？」

うん、ぼくもそう思う。

「ペリファン氏は、老女の孤独死というショッキングな事柄をそのままスルーせずに、どうしたらこのような事態を避けられるのか？　二度とこんな悲劇を起こさないようにするにはどうしたらいいのか？　を考え抜いた。つまり、問題意識を持って〝種子〟を見つけ、大事に育て、世のため人のためになる活動として全世界に花開かせたんだ」

世のため人のためになるプロデュース！

ぼくは山梨県の案件を、観光客を集めて経済活動を活性化させようと考えていた。もちろんそのことも大切なんだろうけど、もっともっと大きな視野で捉え直せないだろうか？山梨県が抱えている【課題】を解決できる仕掛け、山梨ブランドを世界にアピールできる新提案、参加した人々が生き生きとなれる仕組み……。

もしこれが実現できたら、ソーシャル・プロデュースと言えそうだ。いかんいかん、「もし……できたら……」では、ショーンさんにまた叱られる。

そう、「今回の山梨県の観光プロモーション企画は一択、ぼくがソーシャル・プロデュースする！」……うん、これでいい。

山梨県の案件に、解決への一条の光が射した。

らくえん

七月好日、山梨県知事の『山梨県 秋の観光プロモーション』記者発表は、大盛況の内に無事終了した。

山梨県庁の記者クラブで実施された発表会には、県内はもちろん、東京のテレビキー局や新聞社も数社集まったので、発表の内容は瞬《また》く間に全国へと知れ渡った。

山梨県庁の担当である藤課長も、大満足な様子で良かった良かった。

「白井さん、そして、可部さん、今回は時間も無い緊急事態に全力で対処してくれて本当にありがとう。甲斐エンプラさんにお願いして大正解だったわ」

ぼくたちの仕事は、クライアントの喜びが自分たちの喜びなんだ。

発表会大成功の余韻の中、会場の後片付けをしていると、白井さんが近付いて来て、白い顔をますます白くしてぼそっとこう言った。

「可部くん、今回はとても良い《コンセプト》をありがとう。藤さんにも喜ばれたし、私も鼻が高いわ」

わ〜い、白井上司から褒《ほ》められて、とても嬉しいな。

『山梨県 秋の観光プロモーション』の《コンセプト》は何かって?

それは、**〝ウェルビーイングのらくえん山梨〟**だ。

ウェルビーイング(Well-being)とは、厚生労働省では、「個人の権利や自己実現が保障され、身体的、精神的、社会的に良好な状態にあることを意味する概念」としている。

初めてウェルビーイングという言葉が言及されたのは、一九四六年の世界保健機関(WHO)設立の際に考案された憲章で、設立者の一人である施思明(スーミン・スー)が、予防医学(病気の予防・治療)だけでなく、健康の促進の重要性を提唱し、〝健康〟を機関名や憲章に採り入れるよう提案したようだ。

ウェルビーイングとは、瞬間的に幸せな〝Happiness〟とは違って、心身も生活も社会も健康的な、持続的な幸せを表しているんだ。

実は、山梨県では地域幸福度〝ウェルビーイング指標〟をすでに採り入れている。その取り組みを《プロデュース》〝前に導き〟プロモーションの《コンセプト》とすることで、更に輝かせたいと思ったんだ。

そして、〝らくえん〟と言う言葉……もちろん、〝楽園〟のことだけど、ひらがなにしたのには意味がある。この他にも、〝楽縁（地域の人と楽しい縁づくり）〟や〝楽宴（ワインでパーティ）〟の意味を持たせたんだ。

この大きな《コンセプト》を旗にして、いくつかのテーマを展開させてゆく。ウェルビーイングを成立させる山梨の要素と言えば、ワインやワイナリー文化、ブドウや桃などのフルーツ、ジュエリーや印伝などのクラフトアート、温泉やスパ、スポーツアクティビティなど枚挙にいとまがない。

これまで、個別に展開していた県の観光資源をウェルビーイングと言う《コンセプト》で斜めに横刺しにして、全面展開するという作戦だ。

知事の記者発表は、大きな骨子まで。後は、第二弾以降の具体的な施策発表をお楽しみに……ということで、終了することができた。

ここまではなんとか順調、さてさて、「で、具体的な施策メニューは？」という問いに答えられなくては元も子もない。

実は、ぼくも考え付いているのは《コンセプト》まで。ううむ、この《コンセプト》の元で、具体的に何を行ったら良いのか……ぼんやりとイメージはあるんだけど、「これだ！」っていうものが欲しいものだね。

こんな時には……こんな時には……そう、まもなく開講されるスーパープレミアムコース第三回目講習でヒントを掴もうっと。

ストーリー

今日は、スーパープレミアムコースの第三回目、日曜の朝十時。今回もオンライン参加なので、いつも通りの熱々カフェオレを用意して、ノートパソコンの前に座った。

いつも通りの1Qの声から始まって、ショーンさんの元気そうな顔が見えた時、正直ぼくはほっとした。

ぼくは、山梨県案件の報告をしながら、今抱えている【課題】についても、正直に伝えた。

ショーンさんは、「今日は、まさにそんなことに役立つ内容だと思うよ」とのこと。それは嬉しい！

今日は、プロデュース・テクノロジー・チャートの次の話だった。

繰り返しだけど、アクティブ・プロデュースは、まず大きく、思考段階→準備段階→実行段階の三つがある。それらが二つずつ分類され、六つのフェーズで表現されている。ここまでは教えてもらった。

更に六つのフェーズは、三つのプロセスに分解されていて、更にこれらのプロセスは、二つから三つの要素に分解されている。各フェーズに中項目、小項目を設定（五十二要素）し、緻密な体系化を完成させている。

今日は、二つ目の準備段階から、Ｃ実現環境を整えるについての回だ。Ｃ実現環境を整えるも、三つのプロセスに分解されている。

・準備段階

Ｃ 実現環境を整える

Ｃ-１ ストーリーを語り構想を広める

Ｃ-２ 仲間をつくる

Ｃ-３ イニシャルリソース（初期の資源）を調達する

まずショーンさんは、〝**ストーリー**〟についての質問から始めた。

「君は小さい時、絵本とか好きだったかい？」

「えぇ、ぼくの母さんが絵本をよく読んでくれていて、いつももっと読んでもっと読んでって。ぼくは、同じ絵本を何回も何回も読むようにせがんでいたようです」

「そうだよね、物語はわかっているのに、結末はどうなるか知っているのに、また読みたくなる」

「そうですよね、考えてみれば不思議です」

「小さな子供って、何もかもに興味津々で好奇心が強く、一つのことに集中できないって言うよね。でも、物語には夢中になる」

確かに、素敵な物語には、心惹《ひ》かれる何かがある。

「物語、つまりストーリーと言うのは、現代の〝魔法〟なんだよ」

現代の〝魔法〟！　こんな二十一世紀の現代に、〝魔法〟ってあったんだ。

「映画やマンガ、絵本や小説、舞台、ゲームの世界に、時も忘れて夢中になって楽しんでいる時、私たちは〝魔法〟にかかっている。それは、観客や読者の心を掴んで離さない、始めから終わりまで惹き付けられ、心を揺さぶられる物語（ストーリー）のせいなんだ」

確かに、物語には、私たちを夢中にさせるほどの強力なパワーがあるよね。

「ただし！　物語にも、つまらない物語と面白い物語とがあるのも事実だ」

確かに、この世の中の全ての物語が面白く、惹き付ける力がある訳では無い。

「物語についての研究は、本『神話の法則 夢を語る技術』をはじめ、数多くある。どうも感動する物語には **〝英雄の旅（ヒーローズ・ジャーニー）〟** と言う法則があるけど、これはギリシャ神話の時代からあるものらしい」

ここでショーンさんは、１Qに説明するよう指示を出した。

１Qが得意そうに説明を始める。

「〝英雄の旅（ヒーローズ・ジャーニー）〟とは、アメリカの神話学者 ジョーゼフ・キャンベルが唱えた、人を感動させる普遍的な物語の法則。ギリシャ神話の時代から人間の心を揺さぶる英雄の物語には、基本的な流れがあるとしている。アメリカ・ハリウッドの映画シナリオライター、クリストファー・ボグラーがそれを、八つにまとめて提示した。

〝英雄の旅（ヒーローズ・ジャーニー）〟

１ Calling（天命）

２ Commitment（旅の始まり）

3 Threshold（境界線）
4 Guardians（メンター）
5 Demon（悪魔）
6 Transformation（変容）
7 Complete the task（課題完了）
8 Return home（故郷へ帰る）

ジョージ・ルーカス監督が、この法則をあの世界的な大ヒット映画『スター・ウォーズ』で採用したのは有名な話だぞ」

ギリシャ神話の時代から人々の心を掴んで話さない〝神話の法則（ヒーローズ・ジャーニー）〟とは、最初からスーパーマンではなく、様々な冒険や試練を乗り越えていくところに人は感動・共感し、「続きを観たい」と思う、主人公の成長物語のことなんだ。うーん、人間の心や気持ちというのは、太古の昔から変わらないものなんだね。

「太古の昔からある、こんな素晴らしい〝魔法〟を使わない手は無い。エンタメだけで無く、ビジネスでもイベントでもプロモーションでも、大いに使うべきだ」

なるほど、この物語という〝魔法〟を利用して、今回の山梨県の観光プロモーション企画を描けということなんだな？　一流のプロデューサーたちが実現環境を整える際にこぞって挙げた、Ｃ－１　ストーリーを語り構想を広めるということが少し理解できたぞ。山梨県の観光施策と言っても、提供者（県）からの視点でばかり語っていてはダメ。足を運んで来てくれる東京圏のお客さま目線で、思わず参加したくなる〝物語〟を描かなくては……。一人ひとりの人間の生き甲斐に注視した〝物語〟を提供しなくては……。

ぼくの視点はガラリと変わった。と同時に、視界も一気に開けた。

トム・ソーヤ？

ぼくがプロデュースした物語、山梨県の観光プロモーションの具体的な実施内容のタイトルは、『とむそーや』。

ん？　トム・ソーヤ？　あのアメリカの作家マーク・トウェーンが書いた有名な冒険小説のこと？　そう思うのも無理は無い。とむそーやと言っても、その物語のことでは無くて、音《おん》を借用させてもらっただけなんだ。

実際の企画タイトルは、『**十夢創家（とむそーや）**』。つまり、十戸の夢を創り出す家ということ。

河口湖にロケハンした時に気付いた空き家が多いという【課題】に問題意識を持って考

えてみた。それらの家を十戸ほど借り上げて、いろいろな趣味や生き甲斐を持つ東京圏の人々の活動拠点として開放しようというもの。

例えば、湖の湖畔で思い切り絵を描きたい人、紅葉の森の中でチェロを弾きまくりたい人、陶芸をするのもいい、俳句を詠《よ》むのもいい、満天の星空観察もいい。または、山梨の地ワインを楽しむ会もいいし、ペットと泊まり込みするのも楽しい。

東京圏ではなかなかできない、開放的な自然環境の中での、のんびり悠々とした趣味や生きがい活動をするための施設、それが、十夢創家なんだ。

この発想も、人起点の物語（ストーリー）づくりから生まれた。甲斐エンタメの上司白井さんが、東京でイラストレーターとして働いていたけど身体を壊し、山梨県に転職／移住したという話も影響しているんだ。

河口湖をぐるっと一周するように趣味内容の異なる十戸の施設（家）を配し、MaaS（マース）でつなぐ予定。MaaS（Mobility as a Service）とは、国土交通省によると、「地域住民や旅行者一人一人のトリップ単位での移動ニーズに対応して、複数の公共交通やそれ以外の移動サービスを最適に組み合わせて検索・予約・決済等を一括で行うサービス」とのこと。つまり、十戸の施設をコミュニティバスやタクシー、湖を渡るレジャーボートなどを使って、自由に行き来できる仕組みにするんだ。

紅葉も始まりかける秋十月の金・土・日。秋の観光プロモーション『〝ウェルビーイングのらくえん山梨〟十夢創家』のキックオフイベントとして、「ひろびろひろば」の芝生の上では、スポーツヨガの全国レディース大会を開催。

このイベントから十夢創家を利用開始し、冬～年末・年始～春先（年度末の翌年三月末）まで展開する予定。自然の宝庫＝山梨県で、趣味に没頭し生き甲斐を磨く、これぞウェルビーイングな楽園の提供だ。

三日間開催の本番日も、今日まで。ぼくは、イベントの運営本部テントの中で、白井プロデューサー補として指揮を執りながら、「ひろびろひろば」でまったりと行われているスポーツヨガのイベントを眺めていた。

全国からウェルビーイングに関心のある女性たちが、カラフルなコスチュームを身に付けて一堂に揃いヨガをしている様子は壮観だね。

そんなまったりした気分に浸っていたぼくに、頭から冷や水をあびせるような出来事が襲った！

目の前に、スタッフジャンバーを着た男女五人くらいの一団が。ジャンバーに書かれた文字を見ると、なんと、今回の案件の前任社、㈱テレビＹＹさんだ！　もしかして、な、殴り込みか？

果たし状

㈱テレビＹＹさんは、何をしに現れたのか？　超驚いて固まっているぼくの視界に、県庁の藤課長、そして白井さんが入って来た。ん？　どういうこと。

藤課長がこう言った。

「可部さん、お疲れさま。今日はスポーツヨガイベントの最終日なんで、テレビＹＹさんが取材したいって」

なるほど、地元のローカルケーブル局のテレビＹＹさんに取材されたら、県内広くこのイベントが知られることになりそうだ。

今度は白井さんがこう言った。

「この収録は、早速今夜のニュースの中で放送されるみたいよ。イベントの《コンセプト》や実施内容について、可部くん、インタビュー取材受けて」

はいはい、もちろんぼくが中心となって考えた企画なので喜んで！

白井さんは、ぼくにレポーターの女性を紹介した。

「こちら、テレＹ（略称）のレポーター、そして、人気YouTuberのふわふわちゃんよ」

ふわふわちゃん？　むむ、人気者らしいけど、ぼくは全く知らないぞ。

ヨガのコスチュームよりも格段にド派手なファッションのそのレポーターさんは、近くにズケズケと近寄って来て握手してきた。

「ふわふわちゃんデス。よろしくお願いしマス」

ぼくが生返事を返そうとした瞬間、彼女の後ろからもっとズケズケと近寄ってきた男性がいた。白井さんが紹介してくれる。

「こちら、テレYの番組ディレクター、大舞賀さんよ」

「あなたが可部さんですか、会えて嬉しいです、どうかよろしく」

この男が大舞賀氏……㈱テレビＹＹの『山梨県 秋の観光プロモーション』企画の担当者、コンペを勝ち取り受注していたのに、例の上司への〝ハラハラ〟事件を起こしたことで契約破棄の原因を作った人だ、オーマイガッ！

大舞賀氏は、慇懃《いんぎん》無礼《ぶれい》なほど丁寧に名刺を取り出し、ぼくに渡してくれた。目を逸《そ》らすようにして、ぼくも、自分の名刺を渡した。

「可部さん、早速ですけど、放送時間が迫っているので、インタビュー取材を始めさせてもらっていい？」

こうして、ぼくへの突然のインタビューは始まった。藤課長と白井さんは、「じゃよろしく」とのことで、何やら話しながら忙しく去って行った。

残されたぼくは、ふわふわちゃんからのインタビューを受ける。それを真正面から捉えているのはカメラ、その真後ろで、大舞賀ディレクターの怖ろしいほどの目が光っていた。相当ぼくが憎いみたい……でも、そりゃそうかもしれない、大舞賀Dは、この秋の観光プロモーション企画の前任者と言ってもいい。突然のトラブル（と言っても身から出た錆《さび》なんだけど）によって、企画自体をライバルである甲斐エンプラ㈱に持っていかれ、その現在の担当者がこのぼくなんだから……。そして、企画内容そのものも元の音楽フェスから全く違うものに変えられてしまったんだから……。

ま、そんなことを考えていても仕方ない。今は、目の前のインタビューに集中しよう。

ふわふわちゃんが、矢継ぎ早に質問を畳みかける。

「今回キックオフとなった、『十夢創家』企画の狙いは何カナ？」

ずいぶん馴れ馴れしいレポーターだな。

「はい、十夢創家は、単発のイベントで東京圏の人々を集客するのでは無く、長く太く行き来するお客さまを開発するという狙い、つまり、山梨県との〝**関係人口**〟**を増やす**という狙いがあります」

〝単発のイベント〟と言う言葉に、カメラの後ろの大舞賀Dの目が一際厳しく光った。㈱テレビＹＹさんが企画していたイベント、『推し推しフェスin山梨』では、イベント開催時に東京圏の若い女性を多く集客する、話題を作る、以上！　というものとは、全くアプローチの違う企画であると言うことをアピールしとかないと。

ぼくは、大舞賀Dと目を上手く逸らしながら、言葉を続けた。

「総務省によると、〝関係人口〟とは、観光に来た〝交流人口〟でも無く、移住して来た〝定住人口〟でも無い、地域や地域の人々と多様に関わる人々のことを指すとのこと。つまり、観光以上、定住未満、観光地とまさに〝関係〟を持つ人々のことなんです。十夢創家を通して、賑《にぎ》わいと往来のある山梨県を創ります」

話をしながら、自分ながら素晴らしい課題解決の企画だと感じた。空き家対策でもあり、東京圏からの観光客開拓であり、山梨県の新ブランディングでもある。自画自賛じゃないけど、これも立派なソーシャル・プロデュースなんだ。

ぼくは今回、ショーンさんから学んだソーシャル・プロデュースを実現できた。また、「やる！」と決めたことをやりきったことで、一択主義も習得することができた。ぼくは、また一つプロデューサーへの階段を昇れたような気がして、とても嬉しくなった。

「インタビューは以上デス、ありがとチャン」

ふわふわちゃんからのインタビューは、ほどなく終わった。テレビ局のクルーたち（カメラマン、録音、照明など）が足早に、本部テント裏に停めてあるテレYさんのバンに戻っている。一刻も早く局に戻って、今夜のニュース番組での放送用に編集したいはずだもの。

ん？　ぼくの目の前にただ一人残っている人がいる。そう、大舞賀Dだ。な、なんだなんだ？

彼はスッと近付いてきて、サッと白い封筒のようなものを隠すように手渡した。お、インタビューのギャラか？

「可部さん、この度は私のミスからとは言え、完敗です。甲斐エンプラさんの企画はとても素晴らしい。ここは素直に称賛を贈りたい」

「いえいえ、ありがとうございます」

「しかし、私もこんな形で負けたままというのは気に食わない。そこで、リベンジするチャンス、つまり決闘を申し込みたい」

な、なに！　決闘？　激しく動揺するぼくに、彼はズバリ言った。

「今渡したのは果たし状、ぜひこの戦いを受けてもらいたい」

大舞賀Dは燃え入るような目でぼくを睨《にら》み付け、フッと息を抜いて中継車に帰って行った。おお怖っっっっっ……。中継車は一刻を争う救急車のように、猛烈なスピードでイベント会場を出て行った。

ぼくは、手に持った白い封筒を見つめた。ギャラかも？　と思ったことが恥ずかしい。テレY、いや大舞賀Dは、今回のプロモーションを担当できなかったことが物凄く悔しかったんだろうな。

はたして、果たし状の中身は、まさに決闘への招待だった。

一対一の決闘

大舞賀ディレクターがぼくに手渡した封筒を前にして、甲斐エンプラ㈱の武田社長、白井さん、そしてぼくが集まっている。会社の隅《すみ》にある小さなミーティングルームは、重苦しい雰囲気に包まれていた。

封筒の中身を簡単に紹介しよう。

山梨県のぶどうの産地として知られる甲州市・勝沼の『ワインの丘・冬のイルミネーション』企画コンペについてのオリエンテーション資料だ。

勝沼のぶどう畑やワイナリーは収穫時期である秋には、ヌーボー解禁もあり、とても人気がある。しかし、そこから冬にかけてちょっと厳しい。そこで、クリスマス期をスタートとして、年末・年始、そしてバレンタインデーくらいまで、ワインの丘にあるぶどう畑やワイナリーをイルミネーションで飾り、人気を博したいとのこと。

今回特に強調されているのが、海外からの観光客、つまりインバウンドに向けてのアピールというものだった。これにはワケがある。

主催は、山梨県庁ではなく甲州カルチャー財団、その理事長がフランソワーズさんと言うフランスの女性で、ワインを通して日仏の文化交流に力を入れている人のようだ。今回のイルミネーション企画を実現し、母国フランスからも文化大臣や観光団体の役員をはじめ、多くの観光客を呼びたいとの意図が見て取れる。

藤課長のいる山梨県観光振興課は後援という形で応援するようだ。

さて、ここからが、大舞賀Dからの直筆メモだ。この案件の企画コンペを公募したところ、なかなか参加してくる事業社がふるわない。参加希望の〆切まであと数日という今、㈱テレビＹＹ一社だけという不調ぶりなんだとか。

やはり公共性の高い案件なので、一社による企画コンペはできれば避けたい、そこで、甲斐エンプラ㈱さんに参加してもらいたいとのことなんだ。

つまり、実質的な一対一の決闘！　大舞賀Dは、その果たし状を持って来たんだ。

長い沈黙に耐えきれず、武田社長が口を開いた。

「で、可部くん、決闘を受けるの？」

「はぁ、まぁ、どうしたもんでしょうか？」

白井さんが、小さな声を出す。

「テレYさん一社で企画コンペになれば、落札の可能性は大いにあるのに、わざわざウチを参加させようとするのは何故か……あの大舞賀、何か企んでいるはずだわ」

そうだよね、何かワナのような気がするよね。

社長が、聞く。

「で、可部くん、勝算はあるの？」

「はぁ、まぁ、どうでしょうか？」

白井さんが、また小さな声を出す。

「テレYさんは勝算があるから、ウチを巻き込んでも大丈夫と思っているはず。企画コンペで一騎打ちに持ち込んで、その上で、完膚《かんぷ》無きまでにウチを徹底的に叩き、完敗させたいはず」

社長が、またまた聞く。

「で、可部くん、勝てる企画はあるの？」

「はぁ、まぁ、どうしたもんでしょうか？」

白井さんが、またまた小さな声を出す。

「テレYさんの自信たっぷりな感じが鼻に付くわね。ここは一丁、私の東京ルートを使って、裏を調べてみるわ」

お、白井さん、頼もしい！

そんなこんなで、㈱テレビＹＹさんの思惑はともかく、企画コンペに参加することはやぶさかではない。参加して勝利すれば受注のチャンスは得られるし、負けても企画コストは幾分かかるけれども、大したロスでは無い。そんなことを天秤《てんびん》にかけてみて、「参加しとこう」ということになったんだ。

『十夢創家』が始まったばかりという時期に、またまた一大企画案件が飛び込んできた。本物のプロデューサーを目指す者として、どれもこれも自分を成長させる試練、試練……。

こんなやる気を奮い立たしていたぼくだったけど、数日後、白井さんが極秘に入手した情報に、（イルミネーションと言う光の企画なのに）目の前が真っ暗になった。

第4章

PRODUCE

最終テスト［編］

プロデューサー製造所

玉無し鉄砲

今日は、十月初旬の日曜日の朝七時。甲府駅から特急かいじに乗って、東京・ＪＲ新宿駅へ向かっている。

ちょうど先週、山梨県『秋の観光プロモーション 十夢創家』のキックオフイベント、スポーツヨガ本番があったので身体はボロボロ、そこへ持ってきてテレＹさんの挑発に乗って甲州市・勝沼の『ワインの丘・冬のイルミネーション企画』コンペに参加することを決めたところで、裏情報を知って心もボロボロ……。

スーパープレミアムコースの四回目の講習だけど、こんな時こそ対面で実施したいと、『プロデューサー製造所』に行くことにしたんだ。

山梨県転勤となってからは、オンライン講習が続いたので、久しぶりの対面は嬉しい、と同時に少しドキドキ……。

『プロデューサー製造所』のドア前で、１Ｑと毎度のやりとりをして、中へ入った。広い窓から見える多摩動物公園の森は、ところどころ赤く黄色く染まり始めていた。

秋十月というのに、ショーンさんは相変わらずの半袖Ｔシャツに半パン姿。その元気そうな姿に、思わず嬉しくなっちゃった。ショーンさんからの講習も、残すところ、今回を入れてあと三回しか無い、今日は大事な相談もあるし、いつも以上に心を引き締めていこう。

ショーンさんは、久しぶりの対面講習を喜びつつ、優しく声を掛けてくれた。

「どうだい、山梨は？　空気が美味《うま》いだろう？」

「はぁ、美味《おい》しいです」

「富士山を毎日見られるなんて、最高だよね？」

「はぁ、最高です」

ぼくの雰囲気にいつもと違うものを感じたのか、ショーンさんが聞く。

「どうした？　いつもの君らしくないよ。山梨で何かあった？」

１Ｑが口を挟む。

「何かミスったな？」

こら！　ミスっちゃいないぞ。

これをきっかけに、講習の前だったけど、ぼくが今抱えている問題を、ショーンさんにぶつけさせてもらった。甲州市・勝沼の『ワインの丘・冬のイルミネーション』企画コンペに、テレビＹの大舞賀ディレクターから参加を依頼されたこと、実質的に一対一の決闘に参加することに決めたはいいが、全く勝算が無い戦いになりそうなこと。

「全く勝算が無い……って、どういうことかな？」

ショーンさんもそこが気になるみたいだ。

「そこが頭が痛いところなんです。実は、ぼくの、いや私の上司である白井さんが東京に持つと言う人脈を通して聞き回ったところ……」

白井さんはイラストレーターでもあることから、東京にある美術施工会社にツテがあり、その会社のツテに電飾照明会社があるとのことで、ヒアリングをしてみたようだ。

電飾照明会社とは、文字通り、電飾や照明を取り扱う専門会社。平たく言えば、イルミネーションのＬＥＤライトを多数所有していて、それを貸し出して施工する業者さん。今回、その最大手の会社である㈱スゴデンにヒアリングすることができたようだけど、なんと！　テレビＹＹさんがＬＥＤライトを発注しているどんぴしゃな会社だったんだ。

その会社の担当者によると……「クリスマスシーズンになると、大量のイルミネーションライトが必要になることから、業界では半年以上前からＬＥＤライトの発注が行われる。中には、イルミが終わった時点で来年の予約を入れるところもある。テレビＹＹさんからは、今年の春にはウチにあるほとんどのＬＥＤライトを押さえるよう正式に発注があり、もちろん契約も済んでいる」とのこと……。

それを聞いて嫌な予感がした白井さんが、大手・中堅の電飾照明会社に電話をかけまくったところ、どこの会社も、すでに所有するＬＥＤライトのほとんどは様々なところ、例えばテーマパークやショッピングセンター、または、商業地域の街路装飾用として契約済みだった。

つまり、テレＹの大舞賀Ｄは、半年以上前の春先から大量のイルミネーションライトを押さえていた上で、我が甲斐エンプラに企画コンペに参加するようにけしかけてきた訳。

「まぁ、企画コンペに出てもデメリットは少ないだろう。もし勝てればラッキー」との甘い認識で参加を決めたけど、勝てる確率はほとんどゼロ。だって、『冬のイルミネーション企画』なのに、借りてこられるＬＥＤライトが無いんだもの！　まさに〝玉無し鉄砲〟で戦に向かうようなもの。

「こんな訳で、まんまと敵のワナにはまり、山梨県下に大恥をさらすことになりそうなんです」

うっすら涙ながらに話すぼくを見て、ショーンさんは大爆笑した。は？　爆笑？

「なんだ、そんなことだったのか。企画コンペではよくあること。大逆転ドラマのお膳立てが整っているじゃないか」

大逆転ドラマのお膳立てが整っている？

「こんな状況をなんとかするのが、プロデューサーだ」

こんな状況をなんとかするのが、プロデューサー！

「百パーセント勝てる試合を勝つのは、誰でもできる。しかし、数パーセント、いやほぼゼロパーセントの試合を勝てたとしたら痛快じゃないか。それができるのが、本当に実力あるプロデューサーだ」

本当に実力あるプロデューサー！

「君は、本物のプロデューサーになりたいんだろう？」

久々の生の声での問いかけに、ぼくの脳天にビカビカッと最大級の雷が落ちた。

そうだった、まだ戦いを始めてもいないのに、泣き言を言っているぼくって情けない。

ぼくは、今一度気を引き締めて、これから始まる講習に全神経を集中した。

社会化する

ショーンさんは、いつもの椅子にゆったりと腰掛け、ゆっくりと足を組んだ。

「今日は、まだ四回目の講習だけど、今の話を聞いたので、少し順番を入れ替えてみよう」

急遽《きゅうきょ》、最終の六回目の講習と入れ替えになるようだ。実行段階のF社会化するについて。これまで通り、F社会化するも、二つ～三つのプロセスに分解されている。

・実行段階
Ｆ　社会化する
Ｆ－１　成果に結びつける
Ｆ－２　継続性を考える
Ｆ－３　新たな創造につなげる

「今日の講習の前に……スーパープレミアムコースの料金について、覚えているね？」

も、もちろん覚えています……百万円、ただし、講習をきちんと受けて、最終テストに合格すれば九十パーセントＯＦＦ、つまり十万円ということ。

「その最終テストの課題だけど、今回の『ワインの丘・冬のイルミネーション企画』コンペを勝つこととする」

がーーーーーん！　なんとハードルの高い課題！　企画コンペに負けたら……負けたら……百万円！

まだ午前中だというのに、陽が高いというのに、ぼくの目の前は真っ暗になった。

１Ｑがからかう。

「最終テスト、楽しいな！」

楽しくなんて無いよっ！

そんな様子を横目に、ショーンさんは例え話をした。

「私は少しサーフィンをやっているんだけど、大きな波から逃げようとしたら巻き込まれ、溺《おぼ》れてしまう。逆に、勇気を持って波に真っすぐ向かって行けば、乗り越えることができる。逃げるんでは無くて、立ち向かえ。そうすればいつか、波を乗りこなせるようになる」

大きな波を自由自在に乗りこなせるようになる、それが、プロデューサーなんだろうな。ぼくは、最終テストを楽しもうと決意した。

ショーンさんから、**〝社会化する〟**についての説明が始まった。

プロデューサーは、個人的な興味・関心があることから始めるけど、最終的には、〝世のため人のため〟となる課題解決につながるソリューションを仕上げてゆく。それは、みんなにとって有益な仕掛けや仕組みであることから、生活者の支持を受けて広まってゆく……〝社会化する〟とは、そんなイメージとのこと。

そう言えば、広告業界も忙しかった五月の大型連休、「ゴールデンウィーク」と呼ぶけど、名付けたのは映画のプロデューサーだったよね。ある映画を上映したところ、正月やお盆以上の興収を上げ、映画会社創設以来の最高の興行成績を記録した。そこで、この時期の映画業界活性化を目的として、ゴールデンウィークという名称を付けた。この言葉は、映画業界のプロモーション用語だったけど、どんどん広く一般にも使用されるようになって、つまり〝社会化〟して現在に至る……というものだ。

また、バレンタインにチョコレートを贈るという習慣も、あるチョコレートメーカーのプロデューサーの仕掛けによって〝社会化〟した例だ。ぼくも、こんなふうに、社会や人々の生活に大きな影響を与える〝社会化〟できる仕事をプロデュースしてみたいな。

「そこでだ、今回の『ワインの丘・冬のイルミネーション企画』では、何か山梨県の人々に〝社会化〟できることをプレゼントして欲しい」

山梨県の人々に〝社会化〟できることをプレゼント……？　そんなことができたら、超素晴らしいし、超嬉しいことじゃないか！　でも、それってどんなこと？

「その上で、企画コンペに勝利すること、その上で、見事にやり遂げることが、最終テストの〝合格〟の条件だ」

山梨県の人々に〝社会化〟できるプレゼントを考えること、その上で企画コンペに勝利すること、そしてそれを見事にやり遂げることで、やっと〝合格〟！

ぼくの頭の中は、火山のようにマグマが噴き出してきて、そして、沸点に達したのか、急に周りの景色がぼやけだしていった……。

色は一つじゃない？

どうも、ぼくは頭に血が上ってしまって、のぼせてしまっていたようだ。挽《ひ》き立てコーヒー豆のいい香りに「はっ」と気付くと、部屋の隅《すみ》にあるソファで横になっていた。

「〝のぼせ〟とは、頭や顔などに異常な熱感を感じること、意識が遠のくこともあるぞ」

1Qの解説は、今は要らない。

「やぁ、大丈夫かい？」

ショーンさんは、コーヒーマシンでコーヒーを淹《い》れていた。

「もう少しでアイスコーヒーができるから」

のぼせているぼくに、冷たい飲み物を淹れてくれるんだ、優しいな。

ソファの背もたれに深く腰掛けて、ぼーっと窓の外を眺めてみる。秋の始まりを感じさせる色彩がそこにはあった。

淹れたてのアイスコーヒーをぼくに渡して、ショーンさんは、自分のデスクのチェアにどっしりと座った。

「あんまり思いつめるからだよ、もう少し余裕を持った方がいいね」

確かに、ぼくもそう思います。冷たいアイスコーヒーを一くち口に含むと、ふわっとカフェインが鼻から脳に抜けて、頭がシャッキリした。

ショーンさんは、大きく開かれたガラス窓から眼下の多摩動物公園の森を眺めている。

「日本の秋は、本当にいいね。いろいろな色があって、彩《いろど》りが素晴らしい」

そう言えば、ショーンさんの過去や仕事について、あまり知らなかったな。プロデューサーとしての実力ある人みたいだから、海外での生活も長かったのかもしれない。そんな背景から、「日本の秋は、彩りが素晴らしい」との言葉が出たのかも。

そんなことを考えていると、ふと不思議な質問が飛んできた。ショーンさんとの会話の時は、油断は禁物だ。

「日本人の色の捉え方は世界でも独特だよね。〝伝統色〟って知ってるかい？」

は、はい、なんとなく……。

１Ｑが、自慢気に説明を入れる。

「日本の伝統色とは〝日本に古《いにしえ》から伝わる色〟のこと。日本人は古くから、色を繊細な感覚で感じ取り、生活や文化の中に活かしてきた。一説によると、その数は、約四六〇種類以上もあるぞ」

え、そんなにあるの？　すごく繊細だな。

「世界の民族に共通する原初的な色の名前があるけど、それを基本色彩語と名付けている。ホワイト、ブラック、レッド、グリーン、イエロー、ブルー、ブラウン、パープル、ピンク、オレンジ、グレーに集約できるようだ」

確かにどれも良く聞くし使う色だ。基本の色は、たった十一種類なのか。

「つまり、色っていうのは、大まかにまとめているだけで、決して一つじゃないんだ。私たちが一言で言う【赤】には……1Q、紹介して」

「【赤】には、茜（あかね）、紅絹（もみ）、蘇芳（すおう）、支子（くちなし）、韓紅（からくれない）、朱華（はねず）、赤朽葉（あかくちば）、臙脂（えんじ）、黄櫨染（こうろぜん）、黄丹（おうに）、猩々緋（しょうじょうひ）、今様（いまよう）などがあるぞ」

えぇぇぇぇ！　そんなにあるの？　日本人なのに、知らなかった……。

「つまり、色っていうのは、決して一つじゃないんだよ」

ショーンさんの思わせぶりなセリフがどうも気になる。何かをぼくに気付いてもらおうとしているのかな。

それが何かはまだわからないけど、大事に覚えておこうっと。

のぼせから回復したぼくは、残りの講習に熱心に取り組んだ。だって、最終テストをクリアできなかったら、百万円払わなきゃいけないんだから！

一つの完結

『プロデューサー製造所』の講習の翌日、つまり、月曜の朝十時、ぼくは東京・お台場にある大型展示場、東京ビッグサイトにいる。せっかく東京に行くんだからと、白井さんに許可をもらって、『東京ものづくりフェア』の視察に来たんだ。

視察とは言ってるけど、ぼくが関わっていた案件、㈱アメミヤさんの出展ブースがどうなっているのか、とーっっっっっても気になっていたからでもある。

開場と同時に受付を済ませ、一気に㈱アメミヤブースを目指す。ブースは、展示場のセンター近くの大ゴマゾーンにあった。遠目からでも、『ＧＲＩＰアメミヤの底力。』の大きな文字が見えた。うん、イメージ通りで、とってもいいぞ！

ブースに着くと、最前列に雨宮社長が立っていた。まだ数か月しか経《た》ってないけど、懐かしさで涙が出そうになる。

「おぉ！　可部さん、来てくれたんだ」

社長と熱く握手していると、隣には脇山宣伝部長が、その後ろには㈱ホワイト・エージェンシーの担当である金暮副部長が、そしてそのまた後ろには、宇津野プロデューサーが！　旧知のメンバーに囲まれ、ぼくは恩讐《おんしゅう》を越えてほっとしたものを感じた。

一通り交歓してから、ぼくはじっくりとブースの出来を見て回った。金暮副部長にバトンを渡してから、どうも心配だったけれども、さすがに広告&イベント業界のプロのスタッフが揃うといい仕事をするね。ぼくのイメージと違うところもいくつかあったけど、全体的にはとてもいい仕上がりで一安心。

ブースデザインの決め手、下から見上げるゴム靴のファッションショーのための強化ガラスステージも、苦労したと思うけど、無事実現されていた。

「このステージデザイン、ブースの高さ制限に引っかかったんだけど、大型ブースということで、事務局が融通を効かせてくれたんだよ」

金暮さんがこっそり耳打ちして教えてくれた。

そう、クライアント、広告代理店、関係スタッフみんなで創り上げた、まさに〝作品〟なんだ。この業界にいて、一番嬉しいのはこんな瞬間かもしれない。

一日五回の、空中ファッションショーが始まった。ぼくはブース全体を眺められる場所に立ち、ショーの演出、モデルの動き、見上げる来場者の反応などをしかと見届けた。反響は上々のようだ。ショーが終わると同時に、商談コーナーには多くの来場者が集まり、活気溢《あふ》れる会話が飛び交っていた。その中心には、雨宮社長の姿が。

ぼくが飛び込み営業をかけてから、一つの完結の形……。うん、これで、次の仕事に向かうことができる。

　そんな決意に浸っていたら、ぼくの真後ろから、聞き慣れた声が……。

「可部、とんだ策略にハメられたな」

　ゆっくりと振り返ったぼくの目の前に、㈱ホワイト・エージェンシーの白井社長が立っていた。

自然の光

　ぼくもサラリーマン、左遷の張本人を目の前にしても、決してぶつかったりはしない。何事も無かったかのように、明るく振舞った。

「白井社長、ご無沙汰しています。お元気ですか？　お嬢様の白井さんには、大変良くしていただいています。山梨も、本当に住みやすく暮らしやすいところで、感謝しております」

　よくもまぁ、こんなことがペラペラと言えたものだ。ぼくは自分に感心した。

「そんなことより、テレＹからの決闘の申し込み、聞いてるぞ」

　さすがに親娘、情報は筒抜けのようだ。これでは隠しようが無い。ぼくは観念してぶっちゃけた。

「そーなんですよ、まんまとおびき出しに乗っかっちゃって、困っているところです」

「ところで、可部、勝てんのか？」

勝てんのか？　って、簡単に言うな〜。

「甲斐エンプラは兄弟みたいな会社なんだ、武田社長に恥かかせるな！」

恥かかせるなって、失礼な〜。

「あと、娘を悲しませるな！」

娘（白井さん）を悲しませるなって、ぼくたち結婚してる訳じゃないんだから〜。

こんな理不尽な言葉を掛けられたけど、白井社長は元々こんな方だし、また、勝って欲しいという気持ちも伝わってきたのでよしとしよう。

ぼくは、「死ぬ気でやります！（死なないけど）」と言って、その場を離れた。

あ〜あ、急に白井社長が出てきたのでびっくりして疲れたな〜。ぼくは、展示会場全体を見渡せるデッキに出て一呼吸。それぞれのブースを見ていると……ん？　光が動くブースが目に入ってきた。

そのブースは隅の方ではあったけど、ほんのり・ぼんやりと、素敵な光を放っていた。

なんだか気になったぼくは、足を運んでみた。

そのブースの名前は、バンブー・ファクトリー。そのブースがあるコーナーは、『東京ものづくりフェア』の地域招待枠のようで、決して大きな企業では無いが、ものづくりに熱意があり、とてもいい技術や感性を持つ会社を集めたような場所だった。

例のほんのり・ぼんやりした光の正体は……竹でできた灯籠《とうろう》、竹あかりだった。竹に、様々な幾何学文様を施して、中に和蝋燭《わろうそく》を入れることで、なんともエキゾチックな灯りとなっている。東京にも、こんな素敵な作品を創る工房がまだまだあるんだね。

感心したぼくは、ブースの奥で黙々と竹を削っている人に声を掛けてみた。その人は、若そうな感じだけど落ち着きがあり、男性のようでも女性のようでもあり、不思議な雰囲気の人だ。作業を止めて、ぼくに名刺をくれた。そこには、バンブーアーティスト・竹乃こころと記してあった。

彼？　彼女？　と話したところ、とある美術大学の大学院の学生で、卒業制作としてこの会社に関わっているとのこと。

彼？　彼女？　は、自分が取り憑《つ》かれた竹あかりの魅力について、静かに、しかし熱く語ってくれた。

「竹のあかりは、ワタシの心を癒《いや》してくれるんです。夜、大学の制作室に一人残り作品を創っていても、蛍光灯の光の下で創りたくない。そんな時は部屋の電気を消して、月明かりの元で作業をします。そうして竹の灯籠が出来上がったら、その中に和蝋燭を入れて光を眺めます。その時間が、ワタシの心を癒してくれるんです」

なるほどなるほど。一種のデジタル・デトックスのようなものかも。何もかも人工的な光に囲まれて生活していると、人の心もデジタルちっくになってしまうものだよね。自然の光、とても大切なんだな。

彼？　彼女？　にお礼の言葉を述べて、ぼくはブース近くの休憩スペースへと行き、キッチンカーで出店していたコーヒースタンドでコーヒーを買った。

熱々のカップを受け取ると、ふわっとコーヒー豆のいい香りが……そう、ショーンさんの淹れてくれるコーヒーとよく似ている。

その時、ぼくの脳天にまたまたビカビカッと雷が落ちた。

舞い降りたアイデアは、「これでイケるかも？」、いやいや、そんなんじゃダメだ、一択主義なら「よし、絶対イケる！」だ。

ぼくは、まだまだ熱いコーヒーをぐいぐいと飲みきり、心の中で鬨《とき》の声を上げた。

〝玉無し鉄砲隊〟、反転攻勢へ出撃！

決闘の日

今日はいよいよ甲州市・勝沼の『ワインの丘・冬のイルミネーション企画』コンペのプ

レゼンの日だ。

勝沼の小高い丘の上に建つワインの丘と言う施設の、一階フロア全体を使っているコンサートホールがその会場として指定されていた。

ぼくら（白井さんとぼく）は、そのホール入口近くのロビーに、プレゼン開始の十五分前に到着、ソファに腰かけて〝その時〟を待った。

ほどなくすると、ホール入口ドアが開いて、賑やかな声が聞こえてきた。ぼくらの前にプレゼンしていた、㈱テレビYYチームが談笑しながら出てきたんだ。その人数はおよそ六〜七人だろうか、中心にいるのは、あの大舞賀ディレクターだ。

大舞賀Dはぼくらに気付いて、あの燃えるような目で睨《にら》み付けてきた。しかし、それは一瞬のことで、満面の笑みを浮かべるとGoodLuckのようなサインを送ってきた。いわゆる余裕しゃくしゃく、「まぁ、せいぜい頑張りや」ということなんだろう。

テレYチームはプレゼンの手応えが良かったんだろう、ご機嫌な感じで談笑しながら施設を出て行った。ロビーに、冷たい静寂が戻ってきた。

ぼくは、スポーツヨガイベントの時に見習った深呼吸を繰り返し、必死に不安を抑えようとしていた。

その時、白井さんが、こんなことを言った。

「可部くん、ドキドキしてきたら、ワクワクしてきたと思うのよ」

なんていいアドバイスなんだ……と、白井さんを見ると、白い顔がますます真っ白くなっていて……めっちゃ緊張してるじゃん！　こんな二人だけで、プレゼン大丈夫？

その時！　ホールのドアが再び開くと、初老の紳士が出て来られた。白井さんは知っている人のようで、さっと立ち上がり、すっと近寄って行った。

「浦方さん、今日は企画プレゼンに参加させていただき、ありがとうございます」

「いえいえ、こちらこそ。競合の無い一社コンペにならずに済みました、ありがとう」

ぼくも遅ればせながら近寄り、名刺交換させてもらった。その人は、甲州カルチャー財団の事務局長、浦方一徹（うらかた・いってつ）さん。今回の企画コンペの担当者だった。その名の通り、事務方一筋、裏方一筋って感じ。

その浦方さんが、白井さんを手招きするようにして、小さな声で耳打ちするように話し始めた。ぼくも、何を言うのかとても気になり、聞き耳を立てた。

「テレYさんのプレゼンだけど、とてもスケールが大きくて、ウチの理事長も“C'est beau !”って褒《ほ》めてたよ」

C'est beauって、確かフランス語で「とっても綺麗《きれい》」みたいな意味だったな〜。やっぱり、イルミネーションライトの物量で圧倒的に上回るテレYさんの企画は、スケールが大きそうだな～。

浦方さんは、言葉を続けた。

「このワインの丘の建物、ワイナリー、ここら辺の葡萄《ぶどう》畑一帯が、イルミネーションてんこ盛り、キッラキラピッカピカな提案だった。でも、なんて言うのかな～、この企画、ウチでやらなくてもいいんじゃないかって気もするんだよ、私個人の感想だけどね」

ウチでやらなくてもいい、他でやってもいい……そんなニュアンスなのかな？

「とにかく、ウチの理事長が〝D,accord !〟と言えばそれで決定、確率は二分の一、ではBonne chance!」

そう言って、浦方さんはぎこちなくウィンクした。裏方一筋の堅物《かたぶつ》さんかと思ったら、なんだ、ぼくらの味方なのかもしれない。

浦方さんを先頭に、ぼくらもコンサートホールに入って行く。ホールは建物一階全体を使った木張りのフロアとなっていた。天井には豪華なシャンデリアライトが輝く。なんて素晴らしい会場だ！　開け放たれた大きな窓の向こうにくっきりと富士山が見える。なんていいロケーションなんだ！

浦方さんの先導で平台で作られたステージへと昇ると、そこがプレゼンする場所だった。ステージ後方には、映画を映すことができるほどの大きなスクリーンが下がっていた。初めての会場にどぎまぎしながら、持参したタブレットをセッティングし、スクリーンに企画書のスライドを映し出した。

準備が一段落したので、今一度フロアを見渡してみると、目の前に外国人の一団が……。真ん中にいる人が、フランソワーズ理事長さんだ、きっと。金髪ロン毛豊かな女性で、まるでフランス映画の女優さんのよう。お歳はかなり取っていらっしゃるけれど。※個人の感想です

その取り巻きのような格好で、外国人が十人程度（日本人もちらほら）、集まっていた。みなさん、審査員なんだろう。ぼく、こんな国際的な企画コンペでプレゼンしたこと無いよ～。話す言葉は日本語でいい（通訳は、浦方さんが担当）とのことだけど、怖いよ～。いかんいかん、泣いても笑っても、プレゼンから逃げることはできないんだ。そう、「やる！」の一択主義だ！

ぼくは、はやる気持ちを静めようと、窓から見える富士山の頂をじっと見つめた。

光は一つじゃない？

ぼくらのプレゼン時間定刻。窓のカーテンが閉められ、シャンデリアライトが消える。光が当たっているのは、平台ステージの上のぼくらだけ。いよいよ、企画プレゼンの開始

だ。

まず、白井さんが、企画コンペへの参加への謝意を述べる。そして、甲州カルチャー財団さんの山梨県内での活動への賛辞を述べる。更に、今回の企画提案により、ますますその活動を発展させることができると確信しています……と〆めて、ぼくにバトンを渡した。

メインプレゼンターのぼくが、まず初めに行ったこと。それは、審査員のみなさんへの質問だった。

「日本の文化や風習にも大変お詳しいみなさまだと思いますが、日本人の色の捉え方は、世界でも独特なものがありまして……日本の【赤】には、どのくらいの種類があると思いますか？」

ぼくは、ショーンさんからの受け売りをちゃっかり披露《ひろう》した。

浦方さんが流暢《りゅうちょう》なフランス語で翻訳《ほんやく》すると、フランソワーズ理事長は、近くの審査員たちにぼそぼそと聞いて回っていた。理事長自らが答えを言ってくれた。

「日本の【赤】は、そうね、五種類くらいかしら」

ぼくは、その答えにほっとして続けた。

「お答え、ありがとうございます。実は、十二種類ほどあるようです」

スライドにその言葉の種類を映し出すと、審査員たちから、「ほぉ〜」との感嘆の声が上がった。

いい感触だぞ。

「つまり、日本では、【赤】と言っても、【青】と言っても、色は一つじゃないんです」

スライドでは、日本人の感性により表現される色彩を、万華鏡を覗いたかのような模様で登場させた。ぼくも、しっかり調査してみると、日本の色感覚と言うものが実に繊細で深いということがわかった。日本人として、誇りを感じるね。

さて、ここまでは前説……。

「では、西洋の光についてはどうでしょうか？　光にも、いくつもの種類がありますね。いわゆるLight（光り）だけでは無いはずです。どのようなものがありますでしょうか？」

理事長は、またまた近くの審査員たちと会話を始めた。頃合いを見て、ぼくは「いかがでしょうか？」と聞いた。

理事長が積極的に答えてくれる。

「光には、Ray（光線）やBeam（高熱線）、そしてShine（光り輝く）、Flash（閃光）、Brilliant（光彩）、そしてBright（大きな輝き）にTwinkle（小さな輝き）などではないかしら？」

「素晴らしいですね！」

さすが、文化に精通する理事長の答えに、ぼくは素直に感嘆した。

ここぞとばかりに、ぼくは畳みかけるように三度質問した。

「更に、それらの光には表情があります。クリスマスにふさわしい表現にHolly（聖なる）がありますが、他にはどのようなものがありますでしょうか？」

理事長は、今度は近くの審査員たちと議論を始めちゃった。プレゼン会場は、パーティ会場のように活気が出てきたぞ。頃合いを見て、ぼくは、答えを促した。またまた、理事長が積極的に答えてくれる。

「Glory（威光）、Fantasy（幻想的）、Hope（望み）、Poetry（詩心）、Luminous（暗闇で光る）、Dreamy（夢見るような）……かしら？」

これまた、さすがの答えだった。

「素晴らしい、全く素晴らしい！」

ぼくの賞賛の言葉に、理事長も鼻高々だ。取り巻きの審査員たちも、理事長が機嫌が良いので嬉しそうだ。

「お答えいただいたように、光は一つじゃないんです」

その言葉に、会場中が「はっ」としたようだ。

「今回のお題は、いわゆるイルミネーション企画ですが、イルミネーション＝（イコール）キッラキラピッカピカのTwinkleでは無いはずです。小型のLEDライトは確かに綺麗ではありますが、光はそんなに幅の狭いものでは無い。もっともっと、表現豊かなものであるべきです」

フランソワーズ理事長は、ぼくたちの企画提案が何を言いたいのか、理解したようだった。ゆっくりと足を組み直し、深々とチェアに背中を預けた。

Akari

ここからがプレゼン本題だ。光の種類や表現により、印象の違う光を使い分ける企画の全体像を説明していった。

このプランは、もちろん使用できるLEDライトがぼくらにはほとんど無いという厳しい事情から生まれた。LEDライトを大量に盛り込んだ、キッラキラピッカピカてんこ盛りのテレYさん企画に勝つには、こんな逆転の発想しか無かったとも言えるけど、逆に、素敵な企画にすることができたんじゃないかな。

具体的なイルミネーション内容としては、ここの建物＝ワインの丘を、地元・山梨県の特産品として知られる、甲州印伝の古典柄（葡萄柄）をスライドで映し出し、和テイストのモダンな建物に変身させるんだ。

甲州印伝は、江戸時代の寛永年間（1624～1643年）に来航した外国人により、印度（インド）装飾革が幕府に献上されたものが由来のようだ。鹿革に漆で模様を付ける伝統技法で、菱柄や波柄、花柄やとんぼ柄があるけど、今回はもちろんどんぴしゃの葡萄柄を採用した。

しかし、ただ採用したのでは無く、地元の若い現代作家に今風の葡萄柄のデザインを依頼し、新しい古典柄＝新・古典柄を生み出してもらったんだ。

ワインの丘を中心に広がる葡萄畑では、日本の光としてAkari（灯り）を配置。竹あかり、そして灯籠《とうろう》や行燈《あんどん》や提灯《ちょうちん》などをロケーションに合わせてセッティングしてゆく。

竹あかりなどの柄には、甲州を治めた武田氏の家紋＝武田菱を採用した。フランスの大ブランド、ルイ・ヴィトンの大人気モノグラム柄は、日本の家紋からインスパイヤされたものというのは有名な話だ。武田菱も、フランスをはじめ海外の人にきっと人気を博すはずだ。

灯籠や行燈には、甲州市の小学生に〝夢〟をテーマに絵を描いてもらい、それをガラス加工してはめ込む予定。葡萄畑全体が、地域の子供たちの光る〝夢〟で輝くと言う仕組みだ。

夕刻に葡萄畑をウォークしてもらうんだけど、参加者自身も提灯を持って、ゆったり幻想的な時間を過ごしてもらう。

そして、ウォークの終点、ワイナリー工場の建物には、サムライや甲冑《かっちゅう》を身に付けた武者、着物を着た踊り子さんなど、山梨県の歴史と伝統を感じさせる切り絵を回り灯籠として動かし建物に映し込む。中ではもちろん、日本が誇る品種・甲州種をはじめとする山梨ワインを〝和飲（ワイン）〟と名付けて試飲し放題に……まさに、山梨ならではの、ここでしか体験できないクリスマス期に相応《ふさわ》しい観光プランではないか。

最後にスペシャルイベントの提案を行った。最終日のクリスマスの夜には、山梨県郷土伝統工芸品に認定された甲州花火を打ち上げる。

山梨県の花火は、戦国時代以来の狼煙《のろし》術・火術を受け継いでいると言われていて、今では全国で高い評価を得ている。そんな手作りの花火玉が、イベントのクライマックスとして夜空に高く打ち上げられるんだ。ちょうどこの日は、半月予想。月も笑顔の口のように微笑《ほほえ》んでくれそうだ。

一口にイルミネーション企画と言っても、ＬＥＤライトはほとんど使わず（実は、使えないんだけど）、建物のライトアップや絵柄の投影、竹あかりなどの自然な光の配置、花火の打ち上げ、そこに、半月が出れば完璧《かんぺき》！　と言う、日本らしいリラックスやヒーリング効果を生み出してくれるプランとなった。

ぼくは、プレゼンの最後を、こんな言葉で〆めた。

「世界一のイルミネーションを誇るシャンゼリゼ通りからやって来られるフランスの大臣や文化人、そしてイルミネーションの本場であるヨーロッパやアメリカの方々をおもてなしするには、ものまねではダメ。日本の独自の文化や感性をフルに発揮して、気取らず奢《おご》らず、真っ当な日本を提供するべきです。今回のイルミネーション企画、まさに和のイルミネーション、**『和ルミネーション』**を採択されることを強くお薦めいたします！」

地域の〝文化の井戸〟を深く掘れば掘るほど、その地下の先には世界が開ける。つまりドメスティック（国内の、地域の）を極めれば、グローバルに通ずる。そんなことを訴えたつもりだった。

はたして、一瞬の静寂の後に、フランソワーズ理事長が静かに立ち上がり、小さな、しかし力強い拍手を始めた。そして、周りの審査員たちも従った。ふと横を見ると、通訳を務めてくれた浦方さんも微笑んで、拍手をしてくれている。

こうして、ぼくら甲斐エンプラ㈱のプレゼンは無事終了……するはずだった。

最後の最後に、想像していなかったことだけど、なんと理事長から逆質問がきたんだ！

サスティナブル

最後の最後で、フランソワーズ理事長は、何を質問するのか？　ぼくらのみならず会場中が固唾《かたず》を呑《の》む中、理事長が口を開く。

「あなたがたのプランは、コンセプトも具体的な実施メニューも、“Très bien” とても良かったです」

まずは、ほっ……。

「私からの質問は、これらのAkariたちは、今回独自に制作するものだと思いますが、この企画が終わった後はどうなりますか？」

理事長が気にして質問してきたのは、こういうことだった。

テレY提案のLEDライトは、企画後は回収して今後も使用できる。しかし、ぼくらの提案した竹あかりや絵灯籠などは新規制作なので、企画終了後には廃棄されるのか？　それはあまりにもサスティナブルでは無い、と言うことなんだ。

さすが、SDGs先進国：フランスの方だ、企画のその後までもが気になるんだ。

ぼくの答えは、ぼくの答えは……ヤバっ、このことは何も考えていなかったよ！

Akariのその後、その後……考えれば考えるほど、焦りで頭の中が真っ白に！

その時、もっと真っ白な顔の、蝋《ろう》人形のような白井さんがマイクを握った。

「その点については、私の方からご回答差し上げます」

なになに？　白井さんとはこのことについて、何も話していないぞ？

「今回新規制作する絵灯籠は、今回の企画終了後は、今年度末まで山梨県庁舎の正面入り口に展示、そのまた後は、絵を描いてくれた小学生の学校に寄贈し、甲州市への〝夢〟を引き継いでもらうことを計画しています」

えっ！　そんなことは初耳だ……。しかし、白井さんの頭の中には、藤課長との厚い信頼があるからか、テレYさんの不祥事のリカバリーをしてあげたという恩義もあるからか、「これでいける」と言う確信があるのだろう。

リターンエースのような白井さんの見事な回答に勢い付いたぼくは、言葉を重ねた。

「フランソワーズ理事長さま、ご心配は要りません。私たちも、サスティナブルなイベント創りを心して行ってまいります。企画のご採択、何とぞよろしくお願いいたします」

こうして、ぼくら甲斐エンプラ㈱のプレゼンは、本当に終了した。

ホールのシャンデリア照明が点《つ》き、窓のカーテンが開かれると、再び真正面に雄大な富士山が見えた。理事長ご一行さまは、賑やかに会話しながら会場を後にされていった。

ぼくがタブレットを片付けている間、こっそりと目をやると、白井さんと浦方さんとがステージの奥の方でひそひそと話をしていた。なんとなくだけど、浦方さんも微笑みながら「うんうん」と頷いているので、ぼくらのプレゼンが好感触だったんだろう。

プレゼンからの帰り、ぼくはまず白井さんに最後のナイスフォローについてのお礼を言い、そして、浦方さんと何を話していたのかを聞いた。

「私の計画は、藤課長にお願いすれば実現可能だと思ったと言ったら、浦方さんも、自分からも藤さんにお願いしてあげるよ、と言ってくれたのよ」

実は、浦方さんは元・山梨県庁職員／観光部の部長で、藤課長の上司だった方だって。定年退職した後、フランス語が堪能《たんのう》ということで、財団の事務局長に招かれたんだって。道理で、藤さんと仲が良い白井さん（甲斐エンプラ）のことを大切にしてくれている感じがしたんだね。

仕事と言っても、ビジネスと言っても、人との関係が全て。相手を大事にすれば、相手に大事にされる。こんな当たり前のことを感じさせてくれたプレゼンだった。

今回反応が良かったとは言え、まだ勝利の確率は五分……でも、なぜか結果がとても楽しみだ！

新しいプロデュース

三日後、甲州カルチャー財団の浦方さんから、白井さんに電話がかかってきた。電話の内容は、もちろん『ワインの丘・冬のイルミネーション企画』のコンペ結果の連絡だ。白井さんの応答の様子を見ていると……期待通り、大逆転勝利！

キッラキラピッカピカてんこ盛りの㈱テレYさんの企画に勝ったぞ！ ぼくは、悔しさから燃えるような目で睨み付けてくる大舞賀ディレクターの顔を想像して、小気味が良かった。まさに、返り討ちだ。

やはり、フランソワーズ理事長は、とてもクリエイティブな感性の持ち主の方だった。世界各地での独自の文化への愛着と理解がある方なんだなぁ。そして、浦方事務局長さん、「テレYさんの企画、ウチでやらなくてもいいんじゃないかって気もする」とおっしゃっていたなぁ。やはり、わかっている人にはわかるんだなぁ。

今回のコンペ大逆転勝利の朗報に、甲斐エンプラは、しばし、宴会会場のように盛り上がった。武田社長が白井さんに駆け寄りハグ、そしてぼくを呼び寄せ、三人でハグした。

この会社にやって来て、山梨県の『秋の観光プロモーション企画』と、甲州カルチャー財団の『ワインの丘・冬のイルミネーション企画』と、連続で結果を出すことができた。やはり、所属している場所で結果を出し、チームで喜ぶというのは、広告やイベント業界に生きる者として最高だ！

しかし、クリスマスシーズンまであと二か月も無い……この日の内に、ぼくらは白井さんをリーダーに、バンブー・ファクトリーの竹乃こころさんなどをスタッフに引き込みプロジェクトチームを結成、明日からのプロジェクトの初始動に備えた。

今回の結果は自分の実力……と言いたい気持ちは少しあるけど、なんのなんの、全てショーンさんからの教え、アドバイスの結果。本当にありがたい。

ぼくは、企画コンペ大逆転勝利の興奮冷めやらず、一刻も早くこの結果をショーンさんに知らせたくて、夜遅い時刻だけど、特別にオンライン面会をお願いした。

ぼくは、自分の社宅の部屋に戻り、パソコンを前に、約束の時刻を待った。

時刻通りに1Qの声がして、オンラインが繋がるや否や、待ちきれずに今回の結果を報告した。

ショーンさんは、それを聞いて手放しに喜んでくれた。

「そうか、大逆転勝利か、いいね！　ワインの丘を光の丘にするんだね。私の名前も光岡だ、わはは……」

久しぶりにショーンさんのダジャレ？　今日のぼくは、それよりもっと矢継ぎ早に話を続けた。

ショーンさんからの最終テストの〝合格〟の条件は、山梨県の人々に〝社会化〟できることをプレゼントした上で、企画コンペに勝利し、見事やり遂げること。

ぼくらが提案した『和ルミネーション』では、㈠今風の葡萄柄のデザインを依頼し、新・古典柄を生み出してもらうことで、地元の若い現代作家を育成　㈡灯籠や行燈に、〝夢〟をテーマに絵を描いてもらうことで、甲州市の小学生に未来への思いを醸成　㈢企画後は、絵灯籠などを県庁舎や小学校に展示して保管してゆくことで、地元への愛着を促進などの社会化を提案することができたんじゃないか。その上で、ほとんど勝ち目の無さそうな企画コンペを勝利することができた、後は見事にやり遂げるだけ……〝合格〟目指して頑張ります！

今回のぼくの最終テスト（まだ中間発表だけど）の出来栄えが芳《かんば》しかったからか、ここで、ショーンさんが特別講習をしてくれた。

・実行段階

F　社会化する

F−3　新たな創造につなげる

その②　新しいプロデュースに挑戦する

「本物のプロデューサーは、取り組んだ事業が〝社会化〟できたのを見届けたら、それを自分の手柄と言って固執すること無く、さっと次の〝**新しいプロデュースに挑戦**〟してゆくんだ」

自分の手柄として固執すること無く、新しいプロデュースに挑戦！ 〝カッケー！〟まるで、映画のヒーローだ。

「と言うことで、君も今回の『和ルミネーション』の成功にいつまでも浸らずに、次なる新しいプロデュースに挑戦していきなさい」

う〜ん、プロデューサーの流儀なのか、生き様なのか、成功の手柄に固執せず手放して、次の新しいプロデュースに向かう……。なかなかカッコイイんだけど、ぼくにはまだできないな〜。今回の成功の蜜の味をいつまでも味わっていたいよ〜。

本心はそう思ったけど、ショーンさんの手前、「はい、ぼくも、いや私も明日から新しいプロデュースに挑戦します！」って言っちゃった。

その時、ショーンさんの様子が少しオカシくなって……。

「新しいプロデュースに挑戦……か」

ん？ ショーンさん、どうしましたか？

その後、ショーンさんの口から出た衝撃の事実に、ぼくは思わず大声を上げてしまった！
「か、解体する……？」

解体

ショーンさんの話によると、今の『プロデューサー製造所』のビルは昭和初期に建てられたもののため、老朽化《ろうきゅうか》が進んでいるので、近々解体する予定とのこと。ビルの屋上のペントハウスとしてテナント入居している身としては、従わざるを得ない。今年の年末、具体的には、十二月三十一日をもって、契約満了となるとのことだった。

つまり、『プロデューサー製造所』は、文字通り今年いっぱいということ……。わーん、余りにも急な話で、心の整理が付かないよ。ぼくは、悲しさと寂しさの余り、思わずその先のことを聞いちゃった。

「それは、とても残念です……でも、またどこかで開所するんですよね？」

期待に反し、ショーンさんの言葉は歯切れが悪かった。

「う〜ん、どうしたものかな〜。もう、だいたいのことをやりきってしまったからな〜」

「えっ！　製造所を畳んじゃうってことですか？」

「いや、この世の中にプロデューサーを増やしたいと言う思いはまだあるから、引退はもう少し先にしたいんだけど、なんて言うのかな、もっと自分自身の好きな生き方をしてみたいんだよ」

好きな生き方……って、どう言うこと？

「私の好きな生き方……いつも身の周りにあって欲しいもの。自然、犬、コーヒー、そしてワイン……かな」

うん、いつもショーンさんが愛《いと》おしいように話してくれているものばかりだ。

「そう考えると、次に仕事をする場所は、日本じゃ無くてもいいのかなと。今が森に囲まれた環境だから、次は海外の海のある街もいいね」

日本じゃ無い？

「例えば、若い頃旅行で行ってとても気に入ったオーストラリアのゴールドコーストとか、仕事で行ったアメリカのサンタモニカとか、ニューオーリンズとか。フロリダやハワイ島もいいね」

ショーンさんが仕事で関わったと言う世界の街が、次の仕事場の候補なんだ。そのスケールの大きさに感心したのと同時に、一抹《いちまつ》の寂しさが沸いてきた。

「わー、わくわくしますね」

ぼくはそう言うのが精一杯だった。ショーンさんは、今後のことをまだ決め切れていないようで、頭をポリポリ掻《か》きながらこう言った。

「でも、海外に出ると決めている訳じゃ無い。もし、またどこかで、『プロデューサー製造所』の看板を見付けたら、ぜひ立ち寄って」

　1Qが声を挟む。

「あばよ！」

早いよ！　ＡＩって、ホントに理解が早くて嫌。

「ま、以前から打診されていたこと。いよいよその時が来ちゃったんだよ」

ショーンさんも、やはりとても寂しそうな。みんなでしんみりしちゃったところで、ショーンさんから一つの提案があった。

「スーパープレミアムコースも、無事〝合格〟できそうということなんで、修了式をやろう。時期は、そのクリスマスの和ルミネーションが終わってから。そうだな、折角《せっかく》なんで、大晦日《おおみそか》にここに来てよ」

え！　年末の十二月三十一日の大晦日に、『プロデューサー製造所』で修了式！　ぼくは、最高のシチュエーションでの修了式の提案に、一も二も無く賛同した。

「はい、もちろん喜んで！」

激動のこの一年、そして、ショーンさんのお蔭で急成長できたこの一年を締め括《くく》るのに、最高の年末にできそうだ。

オンライン面会が終わったけど、大晦日に修了式を行うと言う興奮と、製造所のクローズの寂しさとがごちゃ混ぜになって、ぼくは朝までほとんど眠れなかった。

フィナーレ

怒涛《どとう》の二か月弱の制作準備を経て、甲州市・勝沼の『ワインの丘・冬のイルミネーション企画』は、オープンから大好評の内に開催され、予想を上回る来場者を迎え入れていた。

いよいよ今夜は、最終日＝クリスマスの夜。フランソワーズ理事長の肝入りでフランスから招待した文化大臣や観光団体の役員さんたちも、ワインの丘に集まり、まさに懇親会の真っ最中。

甲州ワインと山梨のジビエ料理に舌鼓《したつづみ》を打ちつつ、これから始まるイベント最終日の目玉企画、甲州花火によるフィナーレを楽しみにしている。イルミネーション企画の最後の最後、甲州花火を五分間打ち上げるんだ。イルミネーションと言っても、ＬＥＤライトだけが光じゃ無いことを訴えるんだ。

この日は朝から冬らしいキンと冷え切った日で、夜空には、笑顔のような見事な半月が。そしてその周りには、まるでレーザー・プラネタリウム、いやそれ以上に高細密な粒度での満点の星空となっていた。

まさに、舞台は整った！

甲州花火の打ち上げの準備で忙しく動いていたぼくの目の前に、見覚えのあるワゴン車がやって来た。

そう、テレYさんの中継車だ！

浦方事務局長から話は聞いていた。イベント最終日の夜のフィナーレである甲州花火の打ち上げを、テレYのニュース番組の中で生中継するんだとか。このイベントが広く県内に知られる訳なので、もちろんぼくに断る理由は無い。だけど……大舞賀ディレクターの仕事を取っちゃった手前、また会うのはキツイな～。

はたして、中継車から、あのド派手なふわふわちゃんが、そして続いて、大舞賀Ｄが降りてきた！

大舞賀Ｄは、脇目も振らず、真っすぐにずんずんとぼくの方へ近付いてきた。

「やぁ、可部さん、またまたお会いしましたね。今夜は、花火の取材でお邪魔します」

大舞賀Ｄの目の奥は、花火のようにバチバチ燃えていた。

彼にとっては、「絶対勝てる」……だからあえてウチを巻き込み「一対一の決闘」の二社企画コンペにして、「こてんぱんに叩く」……と言うプランだったはずで、まさか自分たちが惨敗《ざんぱい》と言うことになったことで、社内での評価はガタ落ちなことは明らかだ。それに、実施を前提に発注していた㈱スゴデンの大量のＬＥＤライトの後活用も大変そうだ、どうしたんだろう？

悔しさからか、夜の寒さからか、大舞賀Ｄの身体はガタガタ震えていた。

「あ、あと三十分後に甲州花火の打ち上げです。撮影の準備をされてはいかがですか？」

体《てい》よく促して、ぼくは大舞賀Ｄの気を逸《そ》らすことに成功した。テレＹさんのクルーたちが、一斉に準備に取り掛かった。

そうこうしている内に、その瞬間が近付いて来た。ワインの丘の正面入り口からは、フランソワーズ理事長に引き連れられたフランスからのＶＩＰゲストのみなさんが出て来た。浦方事務局長と山梨県庁の藤課長、そして、白井さんも出て来た。まさに、この場所が、甲州花火鑑賞のベストポイントなんだ。

イベントに来場していた人たちも、みんな期待を胸に、静かに打ち上げの時を待っている。ぼくは、トランシーバーで指示を送る……葡萄《ぶどう》畑全体の和ルミネーションが、一斉に消える。観客がどっと沸いたその時、甲州花火の第一発目が打ち上がった。

ヒュ〜〜〜〜ン、ドドンッパ！

甲州花火らしい、質実で剛健な花火が、真冬の夜空に次々に開いた。そのつど、観客から大きな歓声が上がる。そのつど、ぼくも感動で鳥肌が立った。

〝驚きと感動〟を提供する仕事、プロデューサーって、なんて充実感のある職業なんだ。

ぼくの近くで行われているテレＹの生中継も、ふわふわちゃんが楽しく進めていて順調のようだ。

「甲州花火って、めちゃイケてるネ！」

この花火の打ち上げが終わると、この企画も終了。そう、どんなプロジェクトにも、始まりがあれば終わりがある。イベントは、始まってしまえば終わるだけ。わかってはいるけど、大変で正直投げ出したくなったこともあったけど、一生懸命取り組んできたことだから、ちょっと寂しくなるのも事実。

『和ルミネーション企画』の終わり、そして、ショーンさんとの講習も終わり……そう、フィナーレ感が半端無い。ぼくは、じわ～っと涙が沸いてきたことに、自分でも驚いたんだ。

甲州花火が終わった。テレＹさんの生中継も終わった。ワインの丘は、半月と満天の星の光だけで照らされた。

「メリー・クリスマス！」

葡萄畑の至る所で、「メリー」の声が上がり、そして、ハグする人々の姿があった。

そんなムードだったからか、すぐ近くにいた大舞賀Dが、ぼくに無言で握手を求めて来た。もちろん、ぼくに異存は無い。

彼も、LEDライトだけがイルミネーションじゃ無い、灯籠《とうろう》も行燈《あんどん》も、そして、月や花火さえもがイルミネーションになると言うことを認めたんだ。今後も、正々堂々と企画コンペで相まみえたいものだね。

静かに、でも力強く握手を交わして、大舞賀Dはクルーと一緒に中継車に乗り込むと、一気に夜の闇に消えて行った。

理事長とフランスの一団も、ワインの丘で飲み直すのだろう、上機嫌な会話を交わしながら、建物の中に帰って行った。

白井さんが、寒さからか暗がりの中に真っ白い顔を浮かび上がらせながら近付いて来た。

「可部くん、大成功、お疲れさま。ささっ、イベントは撤収の速さが勝負よ」

撤収の速さが勝負って……確かに、一刻も早く後片付けして、ぼくも甲州クラフトビール飲みたい！

今回のイルミネーション企画に協力してくれた全てのみなさんに、「メリー・クリスマス！」。

終章

PRODUCE

エピローグ

修了式

今日は、十二月三十一日、世の中で言う大晦日。約束の夜六時きっかりに、ぼくは、『プロデューサー製造所』を訪ねた。

そう、いよいよ今夜、スーパープレミアムコース講習の修了式が行われるんだ。

鉄のドアの前で、1Qとの毎度の不毛なやりとりを交わしたけど、これも今日が最後だと思うと不思議に愛おしい。

ドアが開くと、大晦日だと言うのに、いつもの半袖Tシャツに半ズボンのショーンさんが出迎えてくれた。でもよく見ると、生地は厚手のフリースだ！　寒いんだったら、普通に長袖・長ズボンにすればいいのに……。だけど、これもまたショーンさんらしい。もしかして、もしかして、ショーンさんともこれが最後の対面かもと思うと、感慨深いものがあるなぁ。

部屋の中はいつものシンプルな空間だけど、角の方に段ボール箱がいくつも積んであった。それを見たぼくに、ショーンさんはこう言った。

「ここの契約は今日まで、年明け早々に明け渡さないといけないから、片付けをしていたんだよ」

こうした片付けの様子を見ると、この製造所が本当に無くなってしまうという実感が湧いてきた。なんだかセンチメンタルな夜……。

そんな感傷的な雰囲気を、１Ｑの声がぶち破った。

「スーパープレミアムコース、修了式を始めるぞ！」

あ、そうだった、今日はそのためにやって来たんだった。

「まずは、１Ｑのコース修了のボタンを押して」

ショーンさんに言われるままに、ぼくはボタンをぽちっと押した。すると、１Ｑが大声を出す。

「まいどあり！　コース料金、百万円！」

「えっ！」と、１Ｑ以上の大声を出したぼくに、ショーンさんは笑ってこう言った。

「からかってるんだよ。１Ｑ、真面目にやりなさい」

その声に従って、百万円に九十パーセントＯＦＦが出て、十万円が表示された。ほっ……今時のＡＩって、人間をからかうんだ……。

ぼくは、コース料金十万円のボタンを押して、スマートフォン決済を済ませた。すると、スーパープレミアムコース修了証がメールで送られてきた。契約も決済も書類も、全てペーパーレスのデジタル化。こんなところに、小さな未来が感じられるね。

「パンパカパ～ン。カベアツシプロデューサー、スーパープレミアムコース修了、お疲れさま！」

1Qのこんな言葉で、あっけなく修了式は終わった。

ぼくは、おずおずとショーンさんに聞いた。

「あの～、修了式は、これで終わりですか？」

「うん、そうだよ」

あ、やっぱり終わったのか。

「あの～、この後、何かやることはありますか？」

「いや、特に無いよ」

そうか、やっぱり全て終わったのか。ぼくは心の底から、言いようの無い寂寥感《せきりょうかん》が沸き上がってきた。これで、製造所を後にするのか。そうすると、もう二度とここには来られなくなるのか。

その時、ショーンさんのデスクの辺りから、ポンっと威勢の良い音が聞こえた。その音の方向を見ると、シャンパンのコルクが開いた音だった！

「君が良ければ、ここからの時間は、スーパープレミアムコースのおまけ、質疑応答タイムにするよ」

そう言いながら、グラスのシャンパンを持って来てくれた。もちろん！　待ってました！　1Qが気を聞かせて静かなJAZZを流してくれる。AIもいいとこあるね。

まずは乾杯から……ショーンさんとグラスをカチリと当て、ぼくは高級そうなシャンパンを丁寧にいただいた。この春からの激動の様子が、走馬灯のように（まだ死ぬ訳じゃないけど）蘇《よみがえ》る。あー、お腹に染み渡る美味《おい》しさだなぁ。

肩書

質疑応答タイムと言うことは、何を質問してもいいんだろうね。ぼくは、この貴重な時間を有効に使おうと、聞きたいことを思い付くままに口にした。

「質問です。今回の『プロデューサー製造所』のスーパープレミアムコース修了ですが、肩書として名刺などに使ってもいいんですか？」

ショーンさんも美味しそうにシャンパンを飲みながら、答えてくれる。

「もちろんいいよ！　ぜひ、使って」

続いた言葉は、「でも……」と歯切れが悪い。

「でも……本当は、**何も肩書が無いのが理想**だけどね」

肩書が無いのが理想？　ぼくは思わず、問いただした。

「いや、折角取った資格を、アピールするのは悪いことでは無いのでは？」

ショーンさんは、遠慮がちにこんな話をしてくれた。

「資格や役職をアピールすることは決して悪いことでは無い。むしろ、頑張ってきたことをアピールするのは、当然のことだ。でも……」

「でも……？」

「でも……究極の姿は、なんにも肩書を持たない、そのまんまの人であることが、カッコイイ」

なんにも肩書を持たない、そのまんまの人であることが、カッコイイ？

「もうオフタイムだから、ぶっちゃけて言うけど、初めて会った人の名刺が肩書だらけだと、なんかしらけちゃうんだよね」

ショーンさん、それはぶっちゃけ過ぎでしょう？　でも、とても興味深い話だった。

ショーンさんによると、初めて会った大企業の人の名刺に、物凄い数の訳わからない肩書が書かれているだけで、もう帰りたくなるとのこと。

○○会社エグゼクティブスーパバイザー
○○認定シニアインキュベーター

○○協会アソシエイトインテグレーター　等々。

「私が大好きな前衛芸術家に、タロー・オカモトがいる。若い頃、彼と仕事するチャンスがあってお会いしたけど、彼は全く何も持っていなかった。名刺ですら」

タロー・オカモトって、あの世界的なアーティストだよね！　ショーンさんの仕事のキャリアって、凄い！

「もちろん私は自分の名刺を渡したよ。物凄い数の肩書の書かれた名刺をね」

その時のショックが、さっきの発言になっていたんだ。

「タロー・オカモトは、名刺なんか必要無い。だって、世界中の人が知っているんだもの。でも、もし持っていたとしても、肩書なんか何も書いて無いだろうね。タロー・オカモトの名前だけでいいんだから」

ショーンさんが言わんとしていることがだんだんわかってきたぞ。

駆け出しの頃は、頑張って取得した資格とか、なんとかなれた役職とかを、名刺や履歴書に書いて大いにアピールしてよろしい。ただ、一定の実績を積んできたら、肩書に依存せず、〝素〟のままの自分の実力で勝負してみろ。そして、最終形は、なんの肩書も持たない、名前だけの名刺になるといい。

なんの肩書も持たない、名前だけの名刺……なんだか、カッコイイ！

ここで初めて、ショーンさんの名刺をいただくことができた。これまでの話の通り、上質な紙に印刷された名刺には、なんの肩書も無かった。ただ、名前があるのみ……。

ここに通い出してから、ショーンさんに何度も聞いたこと、それは、最低限のもの以外は、〝何も無い方がいい〟と言うこと。空間も、手荷物も、肩書までも……。

多すぎる肩書は、むしろ、自信の無さの裏返し。多すぎる言葉は、自信の無さから饒《じょう》舌《ぜつ》に。多すぎる資料は、中身の無さの誤魔化《ごまか》し……。

ここで、シャンパンを飲み過ぎたのか、ショーンさんがトイレに立った。

これはチャンスかも？　名刺をもらったこともあり、今までずっと気になっていた、ショーンさんの本名について知るチャンスかも？

ぼくは、1Qにこっそり、「ショーン・光岡の本名は？」と聞いてみた。

その答えに、ぼくはびっくり仰天《ぎょうてん》した！

ブラックorホワイト？

1Qが軽々《けいけい》しく答える。

「ショーン・光岡は、日本のフリープロデューサー。本名、岡田昭（おかだ・あきら）」

本名は、岡田 昭！　なんだ、めちゃくちゃ普通の名前じゃん。※日本全国の岡田昭さん、すみません。個人の感想です

「昭和時代に生まれたことで、親に昭と名付けられたが、プロデューサーとして地味な名前と感じ、自身で改名。昭が〝ショー〟と読めることから、ショーン・光岡をプロデューサーネームにした」

確かに、岡田 昭とショーン・光岡では、名前を聞いた時の印象が全然違う！　プロデューサーとして後光が射すと言うか、国際的なスケールを感じると言うか、勝手にイメージが膨らんでしまう。これなら、仕事する相手＝クライアントやスタッフが、〝この人に頼みたい〟〝こんな人と仕事したい〟と思うのも無理は無い。

ショーンさん、いや、若い時分の岡田さんも、プロデューサーネームにすることで飛躍しようともがいていたんだね。ぼくは、雲の上のような存在のショーンさんが、少し身近に感じられた。

でも、その後の説明を聞くと、「あっ」と驚く実績で、またまた突き放されちゃった。世界三大広告賞の、フランス・カンヌライオンズ（国際クリエイティビティ・フェスティバル）のグランプリや、ニューヨーク・クリオ賞のゴールドなどを受賞した超有名作品を手掛ける、超一級のプロデューサーだった！

ぼくが、まだ業界浅いのと、知識が無さ過ぎたんだね、きっと。

トイレから帰って来たショーンさんが、チラと1Qの画面を見た。あら〜、ショーンさんの本名を検索したことがバレちゃった！

「ふっ」と小さく笑ってから、ショーンさんは聞いてきた。

「可部くん、君の今年一年は、どうだった？」

ぼくは、シャンパンを飲んでいることもあり、正直に答えた。

「いやー、激動の一年で、正直くたくたです」

ショーンさんも、「そうだろうね」と言わんばかりの表情だ。

「いやー、ぼくの会社の㈱ホワイト・エージェンシーはもちろん、出向先の、甲斐エンタープライズ㈱も、結構ブラックで……」

ぼくは、半分冗談交じりに答えたんだけど、ショーンさんのブルー縁の眼鏡が、キラリと光った。

「ホワイト、ブラックって、何が違うのかな？」

質疑応答タイムは、今、攻守逆転した。ぼくは、しどろもどろに答える。

「ホワイトとブラックの違い……えーっと、白と黒？」

ダメだ、完全に動揺してしまってる。そんな姿を咎《とが》めることなく、ショーンさんは話を続けた。

「常に受け身で、人から指示されるばかりの人だと、ブラックな会社だと思うだろう。でも、自ら積極的にやりたいことがあり、そのために動いている人は、ブラックとは思わないだろう」

ん？　働く人の意識の問題なのかな？

「今回、君が経験したイルミネーション企画もそうだ。上司に指示され、やらされていたとしたらブラックな職場だ。でも、たぶん君は、自らの企画を実現したいと言う思いから、寝食を忘れて働いたはずだ。誰に指示されることも無くね」

そう、その通りです。

「**ブラックな職場もホワイトな職場も無い。働いている人が、指示されて動いているか、自ら動いているかの違いだけ**なんだよ」

こんな観点で考えたことは、今まで無かった。ぼくは、いつも雇用される側の人間の意識で考えていた。そうすると、ほとんどがブラックと思えてしまうものだ。でも、自分が心から取り組みたいと願う仕事に対しては、どんな努力も惜しまない。成し遂げたいと思う仕事に対しては、連日の徹夜も惜しまない。つまり、ブラックは存在しないということだ。

「もちろん、入社したての新入社員に労働基準を逸脱した超過剰労働を強いたとしたら、ブラック企業であることは間違いない。でも、十分な就業期間を経たら、雇用されている側と言う意識を捨てて、自らが会社内の起業家として、自らの意思でプロジェクトを立ち上げ切りまわす、つまりプロデューサーとしての意識を持って仕事するのであれば、どんなに過酷な労働事情でもブラックとは思わないはずだ」

ショーンさんは、雇う・雇われる（指示する・指示される）と言う雇用関係の意識のままでは、ブラック・ホワイト問題は解決しない。それを超越した、プロデューサー意識に目覚めた時に、そんなものには気も掛けない人間に成長できると言いたいんだ。

大晦日の夜、質疑応答タイムの濃度は、ダダ上がる。

スパイクとギア

しばしの静寂の中、静かなＪＡＺＺの音色《ねいろ》だけが聞こえる。心地良いほろ酔い気分で、ちょっとうつらうつら……。

二本目のシャンパンのコルクが開く音がして、ぼくは「はっ」と正気に戻った。いかんいかん、今日で最後の講習なんだ、一刻の時間もモッタイナイ。

ぼくは、シャンパンを注いでくれるショーンさんに、日頃気になっていることを聞いてみた。

「次の質問です。先ほど、ショーンさんの実績を知っちゃったんですけど……あのような華やかなキャリアを築くには、どうすればいいんですか？」

広告業界でのキャリア形成の秘訣を、ぼくは、ぜひ聞いてみたかった。

ショーンさんは、またまた美味しそうにシャンパンを飲み干すと、小さなゲップをしながら話してくれた。

「それは、常に**スパイクとギア**を意識してきたからだよ」

スパイクとギア？　なんだか、興味深いキーワードだぞ。

「スパイクとは、登山家や陸上選手が履いているシューズの底に付いている、尖《とが》ったところ。君が㈱アメミヤさんに提案したコンセプト、『底力』を生み出すのにとても重要なものだ」

確かに。底がツルツル滑るシューズで、垂直の岩壁を登れる訳無い。

「このスパイクと言う言葉はもちろん例えなんだけど、自分が取り組む仕事は、若い時分はなんでもやって、なんでも経験した方がいいけど、数年経ったら、自分のキャリアの〝スパイク〟になる仕事かどうかをじっくり見極めて引き受けた方がいい」

ショーンさんの話では、ズンズンくる仕事、ドンドン頼まれる仕事、なんでもホイホイと引き受けるんでは無くて、できるだけ〝スパイク〟となる仕事を選びなさい。〝スパイク〟となる仕事とは、誰もが知るような有名クライアントの案件とか、自身の知識や技能が大いに向上するチャンスとできる案件とか、つまり、その仕事を受けることで自分のキャリアに〝スパイク〟が効き、上のステージに進むことができるもの……。

「なるほど、一つの仕事が、次のステージへと進めてくれる効果を〝スパイク〟と言うんですね？」

「自分の経歴書に、あれやったこれやったと仕事の案件名を一杯書く人もいるけど、まぁ、どれも聞いたことが無い案件が並んでいてもね……数は少なくても、『お、あの仕事をやったの！』とか『あのプロジェクトに関わっていたんだ！』という選《え》りすぐりの案件を少しだけでも書けると効果は大きいよね」

ショーンさんは、〝ギア〟についても話を始めた。

「次に、〝ギア〟だ。ギアとは、時計が動くからくりとしての歯車を想像してみて。歯車が噛み合っていれば、力はどんどん伝わり、大きな動力を生み全体が動き出す。歯車が噛み合っていなければ、力が伝わることは無く、全体が動き出すことも無い」

ショーンさんの話では、一つの仕事で得た知識や技能をそのまま消耗してはいけない。何も考えていなければ、消耗され、後に何も遺《のこ》らない。だけど、意識してメソッド化することで、次回の仕事や他の仕事で役に立つ知恵（ナレッヂ）とすることができる。

メソッド化とは、方程式とか公式とか、○○の法則とか、秘訣やポイントとかを言うらしい。

「君が担当して企画コンペを勝った、㈱アメミヤさんの案件での新しい企業コンセプト、とても良かったけど、例えば〝ニュー・コンセプトを生み出す五つの視点〟と言う可部メソッドにまとめることができれば、それは知恵の結晶であると共に、今後の企画提案にも、他社へのコンサルティングにも使えるだろう？」

「なるほど、一つの思考の成果が、今後も、他の領域でも役に立つ効果を〝ギア〟と言うんですね？」

一つの仕事を通して得られた知識や技能を、そのまま消耗せずに一つのメソッドにしてゆくことで、自分自身、仕事のやりがいも生まれてきそうだ。

「〝ギア〟が噛み合っていれば、一つの歯車が動くことで、隣の歯車が、その先の歯車が、そして、全体の歯車が大～きく動き出すんだ！」

なんだかダイナミックな話だな～。一つひとつの仕事に意味を持たせ、意義を与え、これからの仕事に、また他領域の仕事へとエネルギーを伝動させてゆくのか！

「私の知り合いのある大学教授の例だけど、彼は広告学の実務教員なので、自分の手掛けた広告プロモーションをメソッド化し↓そのメソッドをまとめて研究論文にし↓研究論文をベースに本を執筆し↓その本が評価されて大学教授になり↓大学での講義内容をまとめてeラーニング番組を作り↓それが評判でテレビ取材を受け↓テレビ出演が続いたことで国からプロジェクト参加を頼まれ↓その実績が積み上がったことで実践広告協会の役員に就任し↓……と歯車全体が回り始めた人もいるよ」

どんな仕事をしても、〝スパイク〟を効かせ〝ギア〟を働かせることで、一つも無駄無く活かされ、次へのエネルギーとして伝導される仕事の仕方、キャリアの積み方って、スゴイ!

「これが、〝スパイクとギア〟の力なんだよ」

そう言って、ショーンさんは、威勢よく三本目のシャンパンのコルクを開けた。

クレイジー・ショーン

ぼぉぉぉぉ〜〜〜んんんんん……。

大きな鐘の音で目が覚めた。

気が付くと、ぼくはソファの上で気絶? していたようだ。そりゃそうだ、軽いスナックだけで、ショーンさんとシャンパンを三本も空けてしまったんだから。

１Ｑの画面の時計を見ると、今、時刻は大晦日の十一時五十分を過ぎたところ。たぶん、多摩動物公園駅のすぐそばにあったお寺で、除夜の鐘が始まったんだろう。

おぼろな頭で室内を見渡すと、ショーンさんは、大きな窓ガラスの前に立って、真っ暗な多摩動物公園の森を眺めていた。手には、シャンパングラスがあり、時折飲んでいる。相当酒に強いんだな〜。

あと十分も経たない内に、このオフィスも契約満了……新年早々に出て行かなくてはならないんだもの。感慨深いのもわかるな〜。

しみじみと除夜の鐘を聞いている内に、ついに時刻は午前〇時……つまり、新年きっかりに、１Ｑが「パンパカパーン！　新年おめでとう！」と叫び、プロジェクションマッピングで室内にクラッカーのイラストを映し出した。

その瞬間！　ショーンさんが、突然気が狂い出したぞ！

手に持った何本かのカラフルなスプレー缶で、真っ白いオフィスの壁に文字を描き出したんだ！　ぼくは超びっくりして、思わず素っ頓狂な声を出した。

「あぁ、ショーンさんが狂った！」

振り向いたショーンさんは、ゴーグルにマスクの出で立ちで、ますます怪しい！　でも、その目は、楽しそうに笑っていた。

壁の文字は、〝HAPPY NEW……〟と描かれて、次に〝LIFE〟だって。

つまり、〝HAPPY NEW LIFE〟! ショーンさんの新しくなる仕事環境を祝うと共に、プロデューサーとしての成長を誓うぼくの新しい人生にエールを贈ってくれるメッセージなんだ、きっと。

一通り大暴れしたショーンさんが、ようやく落ち着いてくれた。ゴーグルとマスクを取り、ぼくの座るソファの横に腰かけた。

「あーっ、面白かった!」

「ショーンさん、何をしてるんですか? 頭がおかしくなったかと思いましたよ」

「ごめんごめん、君がぐっすり寝ていたんで、ちょっと驚かしてやろうと思ってね」

そう言うと、また思い出したかのようにクスクスし始めた。

1Qも、一緒にクスクスしている。AIに笑われるのって、ちょっとムカつくんですけど……。

「このオフィスももうお役御免、ペントハウスのユニット工法なので、来週には解体が始まるんだ。壁も全て剥《は》がされるんで、一丁、落書きしてみたくてね」

アメリカ・ニューヨークなどでは、Free Wall Artと言うアートイベントがあるそう。解体予定のビルなどの壁に、若いアーティストが絵や文字を落書きし、それをファンが訪れて写真に収めると言う人気のイベントだそう。ショーンさんは、その記憶があり、自分でもやってみたくなったんだって。

「こうやって、常識を逸脱してバカをやるのって、楽しいね」

両手にカラースプレーが付いたまま顔を拭いたので、鼻の頭にピンクのペンキが付いちゃっている。十分な大人なのに、ショーンさんは、小学生のように楽しそうだ。

いつまでもここに居続けるのも失礼なので、そろそろお暇をしなくては。元旦の日は、多摩モノレールも終日運転、深夜でも何本かは運行している。

そう思った矢先に、ショーンさんは、デロンギでい〜い香りのコーヒーを淹れてくれた。熱々のコーヒーを一口飲むと、飲み過ぎシャンパンの胃の中が、シャンとした。

ふっと一息ついて、ぼくはずっと気になっていた質問をした。

「本当にラストの質問です。あの〜、『プロデューサー製造所』ですが、今後、どうするのか、決めたんですか？」

ショーンさんは、すっくと立ち上がり、ぐいっとコーヒーを飲むと、小さく息を吐いて答えてくれた。

「うん、もう少しやり残したことがあるんで、またどこかで開所したいとは思っているよ。どこにしようかと、まだ、考え中なんだ」

そうなんだ、閉所するのではないんだ。ちょっと安心……。

「私の知り合いに、『プロデューサー製造所』をオンライン講座にしてはどうか？　また、講習の修了者をプロ講師にして全国フランチャイズ展開にしてはどうか？　といろいろアドバイスくれる人もいるけど……。プロデューサーの育成は、伝統芸能で言う〝一子相伝〟では無いけど、一人ひとりを自分の子供のように真剣に向き合わなければ伝えられないことも多い。プロデューサーってものは、ガチャンガチャンと機械のように製造できないんだよ、量産できないんだよ」

『〜製造所』と名乗っているけど、やはり、プロデューサーを造るのって難しいんだろうな〜。今年の春からぼくに向き合ってくれて、手取り足取り教えてくれたショーンさんの気遣いと労力は、大変なものがあったと思う。初め、〝怪しい人〟と思っていてゴメンナサイ。

プロデュース・テクノロジーの最後の実行段階　F　社会化する　の最後に、新しいプロデュースに挑戦するとあった。真のプロデューサーは、一つの成果を達成しても飽き足らず、新たな困難に挑戦してゆく生き物なんだろうな〜。ショーンさんも、今まで以上のプロデューサー育成に挑戦してゆきたいんだろうな〜。

ショーンさんは満面の笑顔を作って、明るくこう言った。

「まっ、また、どこかで会えることを楽しみにしているよ」

ぼくも、できるだけ明るく答えた。

「はい！　ぼくも、いや私も、早く本物のプロデューサーになれるよう努力します！」

ショーンさんは、ん？　という顔をして、ラスト講習をしてくれた。

「努力すると言うのは、ちょっと違うな。最後に私から言葉のプレゼントだ。〝**努力するな、夢中になれ**〟」

〝努力するな、夢中になれ〟……。

「努力と言うのは、心のどこかで無理して頑張ると言うイメージがあるけど、夢中になっている時って、どれだけ身体がキツくても、時間を忘れて頑張れてしまうものだろう。君が本心からプロデューサーになりたいと思うんだったら、それは努力することでは無い。夢中になりさえすればいいいんだ」

１Ｑが明るく叫ぶ。

「修了式、お開きだぞ！　あばよ！」

「ショーンさん、そして、１Ｑ、ありがとうございました！」

ぼくのＮＥＷ　ＹＥＡＲ　ＬＩＦＥは、こうしてスタートした。

ありがとう、富士山

冬晴れの新年早々、ぼくに朗報が舞い込んできた！　それは、何かって？

今年の春、四月から、無事、東京の㈱ホワイト・エージェンシーに復帰することが決まったんだ。ぼくは、無期限出向と言われていたので、三年は覚悟していたんだけど、何はともあれ「ほっ」とした。

どうしてそんなに早く復帰できたのかって？

ここ、甲斐エンプラ㈱に来てからすぐに、怒涛の企画案件に巻き込まれたのはこれまで話した通り。白井さん&ぼくのチームで、テレYさんが手放した、山梨県の『秋の観光プロモーション企画』は、『ウェルビーイングのらくえん山梨・十夢創家』を提案し無事受託、続いて、テレYさんから挑発を受けて企画コンペに参加した、甲州カルチャー財団の『ワインの丘・冬のイルミネーション企画』は、LEDライトをほとんど使わないと言う非常識なアプローチで『和ルミネーション』を提案し見事コンペ勝利。

これら大型案件の連続企画受託により、甲斐エンプラ㈱は、今期売上予想を大きく上回る増収となり、ぼくの評価も大いに高まったんだ。もちろんぼくの上司である白井さんも、そのリーダーシップ手腕が高く評価されて、今春、主任から課長に昇進するとのこと。

これらのお手柄の主翼をぼくが担ったということで、白井さんが父親の㈱ホワイト・エージェンシー白井社長に嘆願してくれて、東京に戻してもらえることになったんだ！

しかも、白井社長は、ぼくの職位を、宇津野プロデューサーの補である、金暮副部長の補、つまり、プロデューサーの補の補にしてくれるとのこと。補の補でも、プロデューサーへの階段を小さくても一歩上がることができる。

甲斐エンプラ㈱の白井さん、㈱ホワイト・エージェンシーの白井社長、本当にありがとうございます。地道に頑張っていれば、必ず人は見てくれている、そして、必ず手を差し伸べてくれる……そんな思いが沸き上がって来た。

ただし、今現在も、『十夢創家』企画は進行中、今年の三月末まで開催中なので、気を抜かずに日々の職務を全うし、〝有終の美〟を飾って山梨県を離れたいな。そして東京に帰ったら、世のため人のためになる、新しいプロデュースに挑戦したいな。

会社の一角から、冬らしく澄み切った青空をバックに、富士山の頂が見える。いつかショーンさんから聞いた吉川英治の『宮本武蔵』の一節は、もう何度口に出したことか。もう、眠っていても言えるぞ。

あれになろう、

これになろうと焦るより、
富士のように、黙って、
自分を動かないものに
作り上げろ。

世間に媚びずに
世間から仰がれるようになれば、
自然と自分の値うちは
世の人がきめてくれる。

ありがとう、富士山！　ありがとう、山梨県！

夢幻（ゆめ・まぼろし）

新年度四月一日、花曇りの中、ぼくは、東京・大田区蒲田の㈱ホワイト・エージェンシーに復帰した。エイプリル・フールじゃ無いよ！

再びの初出勤の日、久しぶりに再会した会社の同僚や上司も、祝ってくれているみたいで、良かった良かった。

そして、社長室に居る白井社長に挨拶した。

白井社長は、「娘をサポートしてくれて、ありがとな」と、ちょっと照れながら言ってくれた。ぶっきらぼうだけど、本当は良い人なんだな。

ぼくは逆に、「武田社長、白井課長には、本当に良くしていただきました。こちらこそありがとうございました。山梨県での経験は、大きく得るものがありました」とお礼を述べた。

白井社長、大手広告代理店からの〝圧〟を付度《そんたく》して、ぼくを山梨県出向（左遷？）を命じたのかもしれないけど、結果として、山梨県でのプロデュース実戦は、ぼくを大きく成長させてくれたのだから感謝しなくちゃ。

ぼくは少し気になったので聞いてみた。

「あの～、ぼくの、いや私の出向がたったの一年となったことで、業界内で仕事がやりにくくなったりしませんか？」

白井社長は、豪快に笑ってこう言った。

「カンケイ無い、カンケイ無い。一度出向人事を切ったんだから。それと、業界のみんな忙しいから、可部のことなんか覚えて無いって！」

な、なんて返答だ……嬉しいような失礼なような……。

そんなこんなで、ぼくの東京ライフは戻ってきた。

ぼくが復帰して一番初めにしたかったこと、それは……㈱アメミヤさんに、新年度のご挨拶に行くこと！

ぼくの初めての飛び込み営業により、『創業七十周年記念 新ブランド・プロモーション企画』コンペを勝利することができてから、ぼくの人生は激動の嵐に見舞われ、そして、大きく成長することもできたんだもの。

電話やパソコンの設定、机やキャビネットの整理を早めに終わらせて、ぼくは夕刻、㈱アメミヤへと向かった。

アポを入れておいたら、雨宮社長と脇山宣伝部長が、約束時間の十分前なのに正門に立って待っていてくれた。トップから、なんて誠実な会社なんだろう。これなら、八十周年、九十周年と、ますます大発展することは間違い無い。

ぼくは、みなさんに、七十周年プロモーションへ対する「今一度のお礼の言葉」と、この春から復帰したことで、「これからまたよろしくお願いします」を言うことができて、なんだか大きな忘れ物を届けることができた気がした。

春の夕焼け、日本の伝統色で言えば「茜《あかね》」の夕焼けの中、ぼくは多摩モノレールに乗って、帰途についた。

正直に告白するけど、㈱アメミヤさんへの行きの時には周りを見ることができず、ずっと目をつむっていたんだけど、帰りは、車窓から周辺をしみじみと眺めた。

あの、多摩動物公園駅が近付いてくる……はたして、『プロデューサー製造所』は……ある訳無いよね。

やはり、あのビルは跡形も無く解体されていた。もちろん、あの〝怪しい〟看板も無い。

全ては、夢幻の如くなり……。

「夢幻の如くなり」って、織田信長が、桶狭間《おけはざま》の戦いの前夜に舞い踊った時の謡《うたい》にあったっけ。意味は違うけど、今のぼくの心境にはぴったり。

そう、一年前にあの〝怪しい〟看板を発見してから、濃密で凝縮された、超絶充実した日々を送ることができたけど……今は、まさに夢の跡……。

綺麗な夕焼けだな〜、明日はくっきり晴れるかな。

おかしな看板

あれから三年……。

新型コロロコロウィルスのパンデミックにより、世界は一新！　社会も日本も世界も、ありとあらゆる社会活動は停止され、経済は大きく停滞、海外渡航は事実上封印された。

ふと思う、ショーンさんは海外に行けたんだろうか？

広告業界も同じく停滞したけど、オンラインによるCM制作やメタバース・イベントが登場し、なんとか持ちこたえてきた。

この人類史上最悪、未曽有《みぞう》の伝染病も、ワクチンの開発が進んだことで、なんとか収束を迎えようとしていた。

ぼくが所属する第四部も仕事量が激減したこともあって、宇津野プロデューサーの不機嫌にも拍車が掛かる。

「可部兵隊！　海でも川でも、どこでもいいから、飛び込み営業して来い！」

海はともかく、どこでもいい……と言われても、さすがにアテが無いとビジネス受注の確率は格段に下がることは明らかだ。

そこで、営業の心得その一、困ったときは〝原点〟に帰れ……だ！

原点……そう、ぼくの原点は、㈱アメミヤさんだ。雨宮社長に、ビジネスで繋がりのあるどこかの企業を紹介してもらえないかお願いしてみようかと。

久しぶりにリアルで訪問し正直に相談したところ、雨宮社長から、とても嬉しい話をいただけた。

それは、雨宮徳三郎社長さんの弟、徳四郎さんの会社を紹介してもらえることになったんだ！　雨宮徳四郎社長の会社とは、なんと、今、ＡＩチャットボット・ロボットで急成長中のＩＴ企業㈱ＴＯＫＵ！　なんと、あの１Ｑを開発した会社だった。そんな話題のＴＯＫＵの社長が、雨宮社長の弟さんの会社だったなんて、世の中わからないものですね～。

　仕事と言っても、天から突然降ってくるのでは無い。そう、人が人を紹介してくれて新たな仕事は始まるんだ。大切なのは、人と人との繋がり。

　こんな強力なアテをいただいて、ぼくは、鼻息も荒く、㈱ＴＯＫＵへと向かった。

　インターネットの会社ホームページでアクセスを確認すると、㈱ＴＯＫＵは、神奈川・湘南の海沿いにあるようだ。ぼくは、会社からＪＲ横須賀線で鎌倉駅に、そこから、江ノ電（江ノ島電鉄）に乗って六駅目、七里ヶ浜駅に向かう。

　江ノ電は、百年以上の歴史を持つ、風情ある電車。基本単線で、住宅地をかすめるように走るのでスピードも緩くて、まさに日本が誇る癒しのモビリティだ。

　少し走ると、何一つ遮《さえぎ》るものの無い湘南の紺碧《こんぺき》の海が目の前にワイドに広がった。あの有名な江の島も遠目に現れた。湘南を舞台にした映画やマンガ、ポップスなどが大好きなぼくのテンションは、一気にマックスに！

まもなく、㈱TOKU最寄りの七里ヶ浜駅だな……と陸側を見返したとたん、ぼくは、超〝おかしな〟屋外看板を見付けたんだ！

線路の一段上の傾斜地に建つ、一軒の蔵？　まるで江戸時代からありそうな、漆喰でできた黒・白の土蔵の前に、その看板は立っていた。

『プロデューサー醸造所』！

醸造所？　味噌《みそ》じゃあるまいし……ぼくは心の中で、大きな声を上げて笑った。ションさんはこう言った。「プロデューサーは〝製造〟できない」って、だから〝醸造〟に変えたんだ。

それでスイッチが入ったぼくは、またまた、思わぬ行動を取っちゃった！

思わぬ行動、アゲイン

七里ガ浜駅の一つ手前、稲村ヶ崎駅に着くや否や、ぼくはまた、突発的に駅に降りちゃった。以前、似たようなシーンがあったぞ。まさに、映像プレイバックな感じ……。

今、看板と蔵を見たばかりなので、この駅から多分二〜三分の距離だと思う。㈱TOKUさんには、だいたいの訪問時間しか伝えていなかったので、少しの寄り道は大丈夫だ。

江ノ電の線路脇の道を伝ってから、当てずっぽうに小高い丘の方へ歩いて行った。すると、見事に、あったあった。あの〝おかしな〟看板が！

看板の文言は、『プロデューサー醸造所』。キャッチコピーは、〝プロデューサーは、一日ではなれません〟だって。あはははは……、ショーンさん、見事に宗旨替えしてる。

そして、次の言葉は、〝じっくり熟成して、一味違う深みのあるプロデューサーになろう〟だって。あはははは……以前の看板のキャッチコピーとは真逆だ。

でも、新しいプロデュースに挑戦する、真のプロデューサーであるショーンさんらしく、本物のプロデューサー育成への新たな意気込みを感じる。ココがショーンさんの新しい仕事場だとしたら、プロデューサー育成の奥義、いわゆる〝秘伝のたれ〟のレシピが学べそうだ。

看板の下の方には小さく、《じっくり醸造コース》料金、一年間、三百万円と書いてあった。以前のぼくなら、びっくりたまげて怒り出すところだけど、多分ここにもカラクリがあるはず……。よーーーーく見ると、その下にもっと小さな文字で、《旧スーパープレミアムコース》修了者は特別価格とのこと。きっと、九十五パーセントＯＦＦとかなんだよ。

その看板から少し奥まった所に、時代を感じる古色然とした蔵は建っていた。

黒漆喰で塗られた土蔵の重厚な鉄の扉。そこには手書きのオシャレな筆文字で、『プロデューサー醸造所』と認《したた》められていた。

「絶対、ココだ」

扉の横に和風のベルがあったので、ぼくは意を決して鳴らし、そして、1Qに言われる前に先手を打って言った。

「押し売り、セールスではありません！」

その瞬間、懐かしい1Qの「はじめまして、こんにちは！」の声が……。

ガチャリと錠前の開く音がして……。

分厚い鉄扉がゆっくり開いて……。

はたしてそこには……。

半袖・半ズボン、和の作務衣《さむえ》服姿のショーンさんが、ゴールデン・レトリバーの金太郎と一緒に立っていた！

ぼくの直感は正しかった、ショーンさんの次なる仕事場はココだったんだ！

きっと、新型コロロコロウィルスの影響により、次なる拠点はやっぱり日本でとなり、ショーンさんの好きな生き方、いつも身の周りにあって欲しいものとして、自然（今回は海が目の前）、犬（今回はオフィスに一緒にいる）、コーヒー、ワインを愛《め》でる空間として、江ノ電と湘南の海を眺められるこの光溢れる小高い丘を選んだんだ。

爽やかな海風を受けながら、ショーンさんが言う。

「お帰り、カベアツシプロデューサー！」

ぼくも、嬉し涙をこらえながら言う。

「ただいま、ショーンさん！」

おわりに

私は、これまでイベントプロデューサーとして、約三千近くのイベントに関わってきたことは、すでに述べました。現在はイベントの現場を離れ、日本初のイベント学大学教授として、目白大学（東京都・新宿区）のメディア学部で、若い人たちにイベントを教えています。

二〇一一年当時、日本の大学のどこにも〝イベントの学科〟が無かった時に、一般社団法人 日本イベントプロデュース協会（現在、日本イベント協会）の全国本部副会長である小坂善治郎先生は、大手イベント制作・運営会社㈱シミズオクトの清水卓治会長のご協力の元、東京富士大学（東京都・新宿区）の経営学部経営学科にイベントプロデュース・コースを開設。私も、小坂先生に声を掛けていただき、教員として赴任しました。

そして、日本初のイベントの学科、イベントプロデュース学科認可・開設に向け、東京富士大学の二上貞夫理事長、二上映子理事長（現）、井上良雄副学長をはじめとするみなさまの心強い後押しを受け、私も微力ながら文部科学省さんに向けた書類を書き、何度か折衝《せっしょう》に通い、イベントの専門的人材育成の必要性を説きました。

そのかいあって、二〇一三年、晴れてイベントプロデュース学科が認可・開設！

まさにイベントに関わる者にとって、〝長年の夢〟の実現でした。また、私自身もイベント学大学教授第1号となることができました。

イベントプロデュース学科と言うからには、育てる人材像は、イベントのプロデューサーが一つのゴールです。プロデューサーとは何か？　プロデューサーにはどうすればなれるのか？　日本で初めての高等教育でのイベントプロデューサーの育成とは？……常に自問自答していました。

正直に言って、当時の私は明確な答えを持っていませんでした。プロデューサーとは、なるべき人がなると思っていたからです。でも、それでは学問として、人材育成メソッドとして不完全……、その時、『プロデュース・テクノロジー』に出会ったんです。

『プロデュース・テクノロジー』とは、本文にも出てくるように、京都・同志社大学が、二〇〇四年、文部科学省の現代的教育ニーズ取組支援プログラム、いわゆる現代GPのテーマ：人材交流による産学連携教育で採択された研究テーマです。そこから導き出されてできたプロデュース・テクノロジー・チャートは、日本で初めてプロデュースと言う行為を科学的に解明するという画期的なものでした。

「これだ！」と閃いた私は、すぐに京都の同志社大学で開催された、特定非営利活動法人プロデュース・テクノロジー開発センターのフォーラムに参加したところ、川田隆雄教授

（現在、同センター副理事長）をはじめ、みなさんに快く迎えていただきました。（今は、糸川尚子事務局次長さんにもお世話になっています。ありがとうございます）

このチャートは、今も、私の担当している講義科目『イベントプロデュース論』などで参考にさせていただいています。

その後二〇一七年、日本イベントプロデュース協会の松平輝夫理事長、小坂先生、全国本部の石山盛也副会長、そして、目白大学の佐藤郡衛学長、三上義一教授（学部長）、牛山佳菜代教授をはじめ多くのみなさんのご尽力で、同協会と同大学とは、包括連携協定を締結。

ますますイベント学を広めるチャンス到来と、私が手を挙げて、目白大学で新設されるメディア学部でのイベント学担当教員として、移動・赴任することとなりました。

ところがすぐに、新型コロナウィルス禍が全世界を襲い、社会活動・経済活動など、全ての活動が停滞しました。大学での対面授業はもちろん全てオンラインに、対面サービスであるイベント業のほとんどが中止か延期となり、飲食業・観光業を始めとする全てのサービスと同様に、〝冬眠〟することになりました。

新型コロナ禍で得た大きな教訓の一つが、プロデュース能力の必要性です。

現代は、本『ＶＵＣＡ～変化の時代を生き抜く七つの条件』によると、人類史上かつて無い時代に突入しているとのこと。ＶＵＣＡとは、Volatility（変動性）、Uncertainty（不確実性）、Complexity（複雑性）、Ambiguity（曖昧性）という四つの単語の頭文字をとった言葉で、目まぐるしく変転する予測困難な状況を意味しています。

まさに、今回の新型コロナ禍は、その典型のような事態でした。しかし、このような困難な事態は、今後も人類に何度も襲い掛かることでしょう。そんな時こそ、プロデュース能力が問われ、待たれる人材は、プロデューサーです。

二〇一一年３・１１の東日本大震災での、電力不足によるイベント自粛など、これまで何度も苦難の時期を経て来たイベント業界ですが、新型コロナ禍と言う暴風雨をやり過ごした今、再度、三度、復活を遂げようとしています。

そんな経緯を経て、私もいつか、『プロデュース・テクノロジー』を参考に、プロデューサー育成のための本を書きたいと願ってきました。

この本を執筆中、何度も聞き手になってくれた、私の奥さん 素子さんに感謝します。また、執筆の合間に散歩に行きたいとねだってきたウチのペット、トイプードル（シルバー）の銀次郎。散歩している際に、ふとヒラメキを得ることができたことに感謝します。

いわゆる「プロデューサーになりたい」、いや、「プロデューサーになる！（一択）」と言う全ての方に、本書を捧げます。楽しんでいただけたら、筆者として望外の喜びです。

追伸

この本は、プロデューサーを目指す方へ向けて書いたものですが、プランナーを目指す方に向けて書いた本に、『キラリ 開眼物語〜明日から企画のホープと呼ばれる本』（文芸社）があります。

併せてお読みいただけると、いくつか連動する部分があり楽しめると思いますので、ぜひどうぞ。

岡星竜美

二〇二三年十月

[著者プロフィール]
岡星竜美（おかぼし・たつみ）

㈱電通テックのプロデューサーとして、世界陸上、横浜博覧会、東京都や大手企業のイベントに参加。独立後、㈱シリウス代表として関わった「2002FIFAワールドカップTMパブリックビューイング」(於:国立競技場)は、カンヌ国際広告祭メディア部門<金賞>受賞。

東京富士大学経営学部イベントプロデュース学科教授を経て、現在、目白大学メディア学部メディア学科特任教授。(一社)日本イベント産業振興協会(JACE)認定「イベント業務管理士一級」。(一社)日本イベント協会(JEVA)関東本部理事/イベント総合研究所副所長、イベント学会理事等を務める。

著書に、『キラリ 開眼物語～明日から企画のホープと呼ばれる本』(文芸社)、『イベントの仕事で働く』(ぺりかん社)、『イベント企画の基本構造』(リベルタス・クレオ)、『スポーツイベント検定　公式テキスト(共)』(JACE)、『スポーツツーリズム・ハンドブック(共)』(学芸出版社)、『地方創生に向けたGLOBAL-CEPプロデューサー(共)』(博進堂)等がある。
●ブログ『イベント・ジャーナル』 https://profile.ameba.jp/me　●お問合せは、sirius.its@dream.com まで。

「できない?」を「できる!」に変える　プロデュース術
～日本初のイベント学教授が贈るプロデューサーになる方法～

著者　岡星竜美

2024年1月20日　初版印刷
2024年1月30日　初版発行

発行者　山下隆夫
発　行　株式会社ザ・ブック
東京都国分寺市西町3-32-6　BELISTA国立204
電話(042)505-4026

発　売　株式会社河出書房新社
東京都渋谷区千駄ヶ谷2-32-2
電話(03)3404-1201(営業)
https://www.kawade.co.jp/

印刷・製本　中央精版印刷株式会社

落丁・乱丁本はお取り替えいたします

ISBN978-4-309-92275-1